南方传媒研究

NANFANG MEDIA RESEARCH

南方报业传媒集团 南方传媒学院 主编

柴会群 红嘴乌鸦

我一直认为，对于一个真正的媒体人而言，谎言才是最大的恶。无论是由好人来说还是坏人来说，无论是由弱者来说还是强者来说，谎言就是谎言。在唐慧案和李某某的报道中，我和我的同事们可以说只做了一件事：戳穿所谓弱者的谎言。这本应是很正常的事，是媒体和媒体人应尽的本份，可是在今天的新闻界，它变得如此艰难。

005

林珊珊 我世界

采访各式人物，总能看到不一样的人生，体验丰富多彩的情感。每一个人逻辑构建、价值选择、内心镜像的形成、意志的运行、命与运的呼应构成了丰富多彩的“我世界”。置身于矛盾和冲突，人如何选择，如何重新发现自己，各自的驱动力是什么？每一次探询，即便只是浮光掠影，也有迷人之处。

083

刘 伟 这些年

那是一段苦闷与快乐交织的岁月。在这里，他开始接触到真实祖国，最僻远山区，最穷苦人群，看到社会百态，看到世风轮转；看到人生冷暖，看到人间恶善。他总是充满热情采访，充满激情写作。他感到责任重大，似乎很多人的命运就在笔下。他觉得践行了记者的价值。

061

南方日报出版社
NANFANG DAILY PRESS

图书在版编目（CIP）数据

南方传媒研究·第四十六辑：年度记者（2013）/南方报业传媒集团 南方传媒学院主编．一广州：南方日报出版社，2014.2

ISBN 978-7-5491-0510-6

Ⅰ.①南… Ⅱ.①南… ②南… Ⅲ.① 传播媒介－中国－文集

Ⅳ.① G219.2-53

中国版本图书馆 CIP 数据核字（2014）第 021750 号

南方传媒研究

第四十六辑：年度记者（2013）

南方报业传媒集团 南方传媒学院 主编

出版发行 南方日报出版社
地 址 广州市广州大道中 289 号
电 话 （020）83000502
经 销 全国新华书店
印 刷 广州市怡升印刷有限公司
开 本 889mm×1194mm 1/16
印 张 16.25 彩插 1.5
字 数 290 千字
版 次 2014 年 2 月第 1 版
印 次 2014 年 2 月第 1 次印刷
定 价 28.00 元

投稿电话：020-83003364 83004106
网址：http://media.nfdaily.cn

目录 Contents

NO.46

专题「南方报业2013年度记者」

地 址 广州市广州大道中289号
电 话 020-83003364 87363753
传 真 020-83004106
邮政编码 510601
电子邮箱 nfcmyj@vip.163.com
nfcmyj@163.com
网 址 http://media.nfdaily.cn
http://www.nfmedia.com/cmzj/cmyj/

南方报业 2013 年度记者

按姓氏拼音排序

摄影：仇敏业、江演媚、刘曲、风行、党建为等

柴会群

南方周末

陈斌
南方周末

邓春

南都网

高江虹
21世纪经济报道

贺莉丹

21世纪经济报道

刘伟

南方都市报

刘霞

云南信息报

林珊珊

南方人物周刊

林旭娜
南方日报

李冬梅
城市画报

李丹婷

精英杂志

吕剑

大粤网

念青

南方网

彭美

南方都市报

汤凯锋
南方日报

理财周报
田小蕾

王伟正

南方农村报

叶石界

南方杂志

余维庆

风尚周报

张弛

凯迪网

赵杨

南方日报

周洁
星暹日报

周鹏

南都周刊

卓伟

南都娱乐周刊

柴会群

男（经常被误以为女），1975年生，山东邹平人，先后毕业于曲阜师范大学生物系和中国新闻学院国内新闻专业。因不善言谈，不喜欢交际，一直对做记者缺乏自信，但不知怎么就在南周干了十年。喜欢足球、乒乓球，但极少有机会运动。十年长了50斤，由一个瘦子变成一个胖子。

红嘴乌鸦

还原

2013年度记者 入选理由

老柴并不是一个讨人喜爱的同事，他固执、不讲情面，好像不懂得大部分常用沟通技巧。坦率地说，他是一个总让编辑与领导不舒服的记者。南周曾经充斥着这样的新闻人，他们互相不给面子，吵闹不休，这样的氛围一直延伸到报纸版面之上，洋溢出一派野蛮生长的蓬勃之气。南周的确有过那么一个君子和而不同的年代，而老柴的存在就仿佛一个年代的背影，还能让我们偶尔不舒服，让我们偶尔清醒。

记者
感言
1

一

2003年，非典过后，我离开呆了3年的天津日报，来到上海，加入刚成立的东方早报特稿部，成为一名所谓的“深度报道”记者。

那时刚开始流行MSN，我打算申请一个帐号，但一时不知取什么名字。好象是在电梯间，我听当时的部门领导扯着大嗓门说，媒体人大都是喜鹊，但我们这些人，只能做乌鸦。于是灵机一动，就取名叫“红嘴乌鸦”。有了微博之后，我又把这个名字嫁接到微博上。网上搜了下，还真有这么一种乌鸦，孤零零、傻乎乎地站在一块石头上，挺好玩，就作为头像用了。

乌鸦前加一个前缀，是因为我想，如果真做了乌鸦，我这种人可能会死得很惨。所以还是小心为上，把嘴巴涂成红色，提醒自己真话也可以说得漂亮一点，免得惹祸上身。

后来我果然成了一只乌鸦，但红嘴却一直没能练出来。

我的“乌鸦嘴”之路大体可以分两步。一步是在医疗报道层面。2013年11月，我忽然接到一位久违的南周前辈的电话，说当年一位曾经和南周合作帮患者“死磕维权”的医生，对我很有意见。后来，我看到前辈在微信群里转发那位医生的话，开头一句便是：“柴会群不被抓起来，就说明当局根本没有解决医疗矛盾的意思……”

我早知道自己在医生圈里臭名昭著，但把我的危害上升到如此高度，还是出乎预料。

回想起来，我在医疗报道上的乌鸦嘴，应该始于当年在东早时揭露的一个医疗骗局。那算是我在深度报道领域的“处女作”。时任上海市委书记陈良宇做了批示，但批示不是针对稿子反映的问题，而是稿子本身，要求上海媒体一律不得转载。报社领导和我都紧张了一阵。不过很快柳暗花明，我不仅安然无恙，反因为这篇报道在单位立足。

现在看来，对我而言，当初的压力不值一提，何况压力很快转化成资本。跟我合作这个稿子的同事叫熊焰。稿子登出之后，医生圈里传说，一个姓“柴”的和一个叫“焰”的联手在上海“点了一把火”。

我真正变成"乌鸦"，应该缘于2009年的李丽云报道。当时我到南周已经五年，李的事情两年前曾以"孕妇难产丈夫拒签字"闻名，孕妇丈夫肖志军因此成为"全民公敌"。时隔两年后，我拿到了李丽云的尸检报告，捅了这个马蜂窝。报道的大意是：你们错了，李丽云不是难产死的，肖志军不签字也是对的。于是舆论哗然。一些人迅速反击，我不仅没能为肖志军平反，反倒把自己搭进去。大概从这个事开始，我写的医疗报道就在业内被贴上一个"不专业"的标签。也是从这件事起，我不仅得罪了医生，也得罪了同行。

再一个事就是"缝肛门"。现在医生圈、媒体圈一些人，都认定我是这个事的"始作俑者"，其实我只是跟进报道者之一。我一直不认为在这个事上媒体有什么大错，却注意到有一拨人，试图将此事弄成一个媒体抹黑医生的典型，有位倒霉的同行被揪出来批斗，我多了几句嘴，引火烧身，我彻底沦为医生"公敌"。

问题在于，很多时候，很多人分不清谁是弱者，谁又代表"公权力"。更重要的是，我们的价值观有时会压倒我们对真相的追求，而后者才是我们的安身立命之本。

吃过这些亏之后，我做医疗报道时更加小心。原先写稿操心的主要是如何不被当权者抓住把柄，后来变成操心如何尽量少被医生辱骂。2013年5月，我写过一篇"疯子医生"，说的是一个女医生因为抵制医疗腐败而被打击报复的故事。写完后曾洋洋自得，心想这次我帮医生说话，你们总不至于还骂我。结果就在前两天，发现网上又出来一篇文章，说我那篇文章是"劣质"的报道。原来，几家央媒最近要做"过度医疗"的文章，把我半年前做的题又翻出来重做。批评者看了这些报道之后，认为"深度和广度上都没有明显超出'疯文'"，所以仍把我当成靶子。

这个批评者的网络ID叫"崔略商"，还有一个"西地兰"，基本上但凡我有医疗报道刊发，他们两位便会跳出来撕咬一番。开始我生气、鄙视、反击。后来也就随他去了，想想这也算是一种监督，可以让我在下笔时更为谨慎。

二

如果说医疗报道帮我在医疗圈树立了一只小乌鸦形象的话，去年的一些“出格”表现，则让我沦为一只全民公敌量级的大乌鸦。这主要祸起唐慧案和李某某案的报道。我因为这两篇报道所挨的骂，超过此前从业经历的总和，而且，不仅数量，质量上也有明显超越。批评者中有律师、学者、作家，还有曾跟我并肩作战过的同行、仰慕已久的前辈。真算得上是“招唾骂於邑闾”了。

代表作品

2

作品名称：“永州幼女被迫卖淫案”再调查　唐慧赢了，法治赢了没?

刊载媒体：南方周末

发表时间：2013年8月1日

作品影响：关于唐慧事件的“颠覆性报道”，引发新闻业界与公共舆论激烈讨论，传统新闻操作的“弱者有理”观念因此受到冲击。

SOUTHERN WEEKLY

南方周末

A4、A5
“活杀第一谄谀”和它的百年过客

A6、A7
发给自己的奖章

A8
困难获得的法律边界

B9
领导人故居：家乡人民闹着你

C13
武汉垃圾乱

D17
微信5.0的“摇钱术”

E25
“世界长大了，我他妈也老了”

F29
如何化解社会戾气
地方政府会主发他的前提

解读最高领导层工作机制
中央政治局常委会如何运作

“永州幼女被迫卖淫案”再调查
唐慧赢了，法治赢了没?

什么造就了唐慧 A2

死刑判决应有更高证据要求 A3

但竟也还有个别同行冒险为我辩护，这让我诧异且感动，在此一并谢过。当然，我更应该感谢南方周末报社，感谢与我一同承受压力、打磨稿子的编辑曹筠武、苏永通。没有他们作为后盾，我这只乌鸦或许真的被“折尔翅而烹尔躯”了。

应该说，在南都孙志刚报道的感召下，我 2003 年从业之初（指深度报道），就树立了一个业务理念：为弱者代言，跟公权力叫板。应该说，这是我们这一代新闻人的主流价值观。就我个人而言，大部分职业生涯也都在这条路上践行。

我至今仍不认为这个价值观有错（虽然我已不认为它应是惟一的价值观）。问题在于，很多时候，很多人分不清谁是弱者，谁又代表“公权力”。更重要的是，我们的价值观有时会压倒我们对真相的追求，而后者才是我们的安身立命之本。

关于弱者，我需要费很大力气才能跟人解释清楚：有些表面看起来挺弱的人其实很强，而表面看起来挺强的人其实很弱。唐慧有一个当过法院副院长的姨父，有至少三个政法系统官员给她女儿的案子批示，几乎所有的媒体都为她站台，有一大帮“死磕”派律师免费为她打官司。所以，她不是弱者。她不仅不弱，事情发展到后期，当省委书记也站在她的一边时，她甚至成为整个事件中最强大的一个角色，法院院长和公安局长在她面前也甘拜下风。而那几个被判死刑的被告则有的连律师都请不起。李某某案，李的父母在其他事上或许是强者，但在这个事上不是。事实证明，他们的财富、名声和军方背景完全成了负资产。李某某就更不是，他还是一个不满 18 岁的孩子。梦鸽，不管她有多少缺点，她也是一个母亲。她牵着已经掉进泥潭的儿子的手不愿撒开，可几乎所有的媒体都要在她头上踩一脚。

无论是唐慧女儿案还是李某某案，很多人似乎忽略了一点（也可能是装作看不见）：当某个事件变成一桩刑事案件、当事人失去自由的时候，真正的弱者其实是被告，因为有整个国家机器在对付他们。陈良宇变成被告的时候，他同样也是一个弱者。

至于公权力，我有时在想究竟谁代表公权力？最容易被贴上公权力标签的可能是警察和官员。可是如果是警察的话，那么在唐慧女儿案中，到底是那些秉公办案却因唐慧诬告而受打压的警察，还是那些明知案子有问题却仍按领导意思办的警察？如果是官员的话，那到底是那些听信唐慧一面之辞胡乱批示的官员，还是那些依法办事饱受压力的官员？唐慧如果是公权力的敌人，那她为什么对官员下跪？梦鸽如果是公权力的代表，那她为什么又要上访？

陈永州事件之后，有媒体人出来辩解，说个体的恶是小恶，媒体的恶也是“小恶”，公权力才是“大恶”。“小恶”可以容忍，“大恶”则不可原谅。我很困惑，以当前的体制，媒体难道不也是公权力的组成部分？为何丑事到自已身上就成了“小恶”？

我一直认为，对于一个真正的媒体人而言，谎言才是最大的恶。无论是由好人来说还是坏人来说，无论是

代表作品 2

作品名称：李某某涉嫌强奸案8小时案情全程还原 夜半酒吧里发生了什么

刊载媒体：南方周末

发表时间：2013年9月26日

作品影响：唐慧案报道的姊妹篇。凭借事实、证据和丰富的细节，在众声喧哗中发出理性声音，揭开被舆论遮蔽的真相。

SOUTHERN WEEKLY

南方周末

海上救捞人

中国式反垄断5年
反垄断法的“宽恕”暗道

李某某涉嫌强奸案8小时案情全程还原

夜半酒吧里发生了什么

A6 张曙光只差一票当院士

B9 “党籍不再是保护伞”

B10 行贿的官员个个都在？

C14 犀牛角上的中国魅影

E28 悬棺太庙归政记

人人公益 让爱延续

由弱者来说还是强者来说，谎言就是谎言。在唐慧案和李某某的报道中，我和我的同事们可以说只做了一件事：戳穿所谓弱者的谎言。这本应是很正常的事，是媒体和媒体人应尽的本分，可是在今天的新闻界，它变得如此艰难。

有人说，戳穿弱者的谎言有意思吗？我说有。谎言是真相的天敌。做记者越久，我越有一种直觉：媒体这一行，不论抱有多么正义的初衷，但凡偏离了真相的轨道，就必然会通往邪恶。唐慧案就是如此，当媒体把唐慧树立为一个英雄母亲时，却把三个被重判的年轻人推向绝路。李某某案，哪怕你认为一个顽劣少年被舆论送进监狱活该，可是你为此却放过和纵容了一个以孩子为作案对象的敲诈勒索团伙。扪心自问，你觉得这公平吗？

我们关怀弱者，却制造了不公；我们心存善花，却结出了恶果。难道还有比这更悲哀的吗？而且，近些年来，这样的剧情在现实中反复上演。从邓玉娇案到药家鑫案，从钱云会案到李某某案，我们的报道有哪个能经得起法律和历史的检验？我们这些媒体和媒体人都做了些什么？是申张正义还是助纣为虐？

三

请原谅我以一只乌鸦的名义，带着情绪拉拉杂杂说这么多。其实，最早把自己比作乌鸦的不是我，而是一个叫范仲淹的人。他是我的半个老乡，他写过一篇叫《灵乌赋》的文章，里面有一句话：宁鸣而死，不默而生。我没有这么高的境界，我更愿意套用《牛虻》里的一句话：无论我活着，还是我死去，我都想做一只，快乐的乌鸦。与诸君共勉。

顺便附上范仲淹的《灵乌赋》。一定程度上，此文代表了我的新闻理想：

灵乌灵乌，尔之为禽兮，何不高翔而远翥？何为号呼于人兮，告吉凶而逢怒？方将折尔翅而烹尔躯，徒悔焉而亡路。

彼哑哑兮如诉，请臆对而心谕："我有生兮，累阴阳之含育；我有质兮，处天地之覆露。长慈母之危巢，托主人之佳树。斤不我伐，弹不我仆。母之鞠兮孔艰，主之仁兮则安。度春风兮，既成我以羽翰；眷庭柯兮，欲去君而盘桓。思报之意，厥声或异。警于未形，恐于未炽。知我者谓吉之先，不知我者谓凶之类。故告之则反灾于身，不告之者则稔祸于人。主恩或忘，我怀靡臧。虽死而告，为凶之防。亦由桑妖于庭，惧而修德，俾王之兴；雉怪于鼎，惧而修德，俾王之盛。天听甚逊，人言曷病。彼希声之凤皇，亦见讥于楚狂；彼不世之麒麟，亦见伤于鲁人。凤岂以讥而不灵，麟岂以伤而不仁？故割而可卷，孰为神兵；焚而可变，孰为英琼。宁鸣而死，不默而生。胡不学太仓之鼠兮，何必仁为，丰食而肥。仓苟竭兮，吾将安归？又不学荒城之狐兮，何必义为，深穴而威。城苟圮兮，吾将畴依？宁骥子之困于驰骛兮，驽骀泰于刍养。宁鹓雏之饥于云霄兮，鸱鸢饫乎草莽。君不见仲尼之云兮，予欲无言。累累四方，曾不得而已焉。又不见孟轲之志兮，养其浩然。皇皇三月，曾何敢以休焉。此小者优优，而大者乾乾。我乌也勤于母兮自天，爱于主兮自天；人有言兮是然，人无言兮是然。”

（作者系南方周末记者）

围观
会群
3

“公敌”老柴

苏永通

靠谱的南方周末新闻部总监曹小虫（曹筠武）曾跟我说过：再大的天灾人祸降临，把两头资深怪蜀黍派出去，保编辑部放一万个心，一头是李艳，另一头是老柴。无论时间多紧急，条件多恶劣，这俩人一出手，肯定至少有80分水准的稿子传回来。最最最重要的是，这俩人都皮糙肉厚，不必花钱买保险。

可惜，闷骚的李艳早已跳槽别处当领导了。一大把年纪还在做调查的，独有老柴。在“百年大报”，一线调查记者往往待不过三年，换了一拨又一拨，老柴这样的坚守者，找不到第二个。

我认识老柴是在报纸上。2004年12月2日，《南方周末》头版头条刊发了全国人大代表王廷江在山东临沂机场殴打空警的全记录，事件发生在11月30日晚上，星期二，已到截稿时间。当时我在南周北京站实习，那一期我写下的评语是：柴会群必定会成为南方周末最优秀的记者。评述每期新闻版面是指导老师给我布置的任务。不敢说作为实习生的我有何资格评价牛逼哄哄的南周记者，也不敢说我在下什么预言，但那时起，我就真心佩服老柴。

老柴大概是2004年正式入职的，比我早一年。那是以李海鹏、南香红为代表的南周特稿最扬眉吐气的鼎盛时期，也是调查报道的低潮期。现在回头看老柴当年的报道，无论是写医疗黑幕，还是精神鉴定，至少重新擦亮了南周调查报道的牌子。而且，那时老柴的稿子丝毫没有年轻记者的生涩感，正如其人在我的印象中似乎从来没年轻过。

值得庆幸的是，老柴的样子没再变老。生于1975年的老柴比现在刚进来的年轻记者足足年长了一轮以上，这个典型的山东汉脑袋奇大，皮肤黝黑，身材粗壮还有些臃肿，步履迟缓，憨态十足。前南周著名传奇记者

@舒眉_sabina2011：恭喜@红嘴乌鸦，你的荣誉实至名归。有时，你让我想起汉娜·阿伦特，1961年她为《纽约客》报道耶路撒冷审判，写下那篇石破天惊的《艾希曼在耶路撒冷》，老柴的唐慧、李天一的报道同样引发众议。洞悉真相，报道真相，不惧得罪大众，同时承受无数板砖、谩骂、诅咒，你们都有那种“虽千万人，吾往矣”的特质。

沈妈（沈颖）曾有名言：看起来越笨的记者，往往越能成为最优秀的记者。指的就是老柴。凭长相断定人聪不聪明自然是偏见。不过，最扎实的调查新闻，离不开笨功夫。这点我深信不疑。

过去的2013年，与我的几次合作老柴都是这样。唐慧案他调查了近一个月，李某某案每个主要人物的采访记录整理起来都有三四万字，他没有让采访对象侃侃而谈，而是不断地追问、反问，再追问，问题罗列起来起码有上百个。业界有很多牛逼记者能写出漂亮的文章，但有多少能拿采访记录出来见人的？说实话老柴的文字一般，但他所获取的信息量总是惊人的大。稿子到了编辑部，不免有同事感慨：看，这就是老记者。现在我有时也很疑惑：新来的记者个个贼聪明，贼精灵，咋就一代不如一代？

愿意做笨调查的记者这年头越来越少，敢硬碰硬的记者更少。长期做底层调查的记者，难免会有“弱者天然有理”的习惯思维。邓玉娇案即是最好的例证。在贫富差距悬殊、官民矛盾激化的社会背景下，不一屁股坐在“弱者”的立场上，就很难逃过万民声讨。所以我至今都无比敬佩前南方都市报记者龙志。唐慧案、李某某案也一样，这两个题目在我手里攒了很久派不出去，直到老柴主动打来电话：怎么不做呢？先于老柴去采访的记者多了去了，这两案子存在的真正问题，他们至少略知一二但都选择回避，只有老柴的稿子没有绕弯。结果可想而知，老柴从此得罪了中国妇女界。

这些年来，老柴每进入某个领域，似乎就会成为那个领域的“公敌”。我觉得原因很简单，他发现了被公共舆论遮蔽的事实，而真相往往太残忍。老柴最早写了无数医院的揭黑报道，以至于后来无论他写了什么，就会有医生护士乌泱乌泱地涌到微博咒骂，连兄弟媒体做的其他医疗报道也会记他头上。因为呼吁邱兴华、郑民生等案应启动精神鉴定，老柴又成了“变态杀人魔”的“同伙”。有时我们开玩笑：万一哪天老柴开刀动手术，医生会不会悄悄地在他肚子里留根针？而他居然还在微博上与各路人马唇枪舌战，以一敌万，完全不惧万箭穿心。我的许多同事评价老柴脱口而出都是“执拗”。我倒是很希望他能这样“执拗”下去。套用沈妈名言：没有点偏执，很难成为优秀的调查记者。

（作者系南方周末编辑）

曹轲点评 关键词：还原

新闻是历史的草稿，可能草草成稿；用事实说话，可能信手拿来信口一说。会不会，事实就淹没在一层层的新闻中，原因就包裹在一遍遍的诠释中？柴会群的再发现再追问，不从众不随俗，注定挑战即成事实，注定刺痛社会神经。不怕以寡敌众，不惜天敌变公敌，遂成万人敌。

陈斌

江苏南通人，北京大学国际关系学院本硕。爱好广泛，过往关注有文史哲、儒家与佛家及政治学与经济学等，近年来学习了若干门物理与高等数学课程，叹服人类知识之精微高妙，洗脱了一些文人气。体认到商人与企业家才是商业社会的引领者，不想启蒙谁，只是想努力做好这份工。专业制胜，技术为王。

技术分析胜于政治表态

精致

2013年度记者 入选理由

对优秀员工有怎样的期待？是一个人同时干了一个标准编辑加一个专职评论员加半个资深记者的活吗？或者可以期待更多？他的社论与“大参考”文章经常能位列一些不错专业网站（如财新网）十大?！其实还能更多，譬如以老员工身份拿着应届研究生入职底薪和职称还从不影响工作……这就是南方周末评论部的陈斌。

记者感言 1

我是南方周末评论版编辑、评论员兼评论记者。我后两个身份的2013年工作量为36篇方舟评论（即社论）与7篇大参考，及十几篇篇幅较小的评论文章（快评与茶座）。在诸位牛人——鄢烈山老师退休、笑蜀与李铁离职之后，史哲、戴志勇与我担任南周评论员。

新闻学的老生常谈是，必须区分新闻与评论，前者是客观的事实，后者是主观的评价，混淆不得。不过在我看来，好的新闻与好的评论其内核是高度一致的。好的新闻讲究信息增量。如果一个热点你抢成独家新闻，那你写的报道全部是增量。如果你慢了同行一步，那你呈现出的东西，要撇除了别人已经报道的信息，剩下来的才是信息增量。

好的评论同样讲求增量，信息上的增量与观点上的增量。评论要将湮没在信息海洋中有价值的信息碎片找出来，按照其内在的逻辑拼成一幅完整的大图，这属于信息的深度加工；或者在大家熟悉的新闻中找出独特的视角，给读者增加新的知见。如果一篇评论谈的是老话题，观点又是老生常谈，那读者岂会愿意在这上面浪费时间与精力？正是读者结构与兴趣的变迁，倒逼近年来评论作者在话题选择与写法上的创新。

回到我2013年写的评论。由于商业社会话题的多样性及互联网评论（如腾讯《今日话题》、网易《另一面》）的兴起，南周评论形态这几年有较大改变：一是话题多样化，过去政治话题的比重较大，现在则更多更好地涵盖了经济、社会与文化议题；二是撰写方式变化，过去许多评论政治表态、道德宣教的意味比较浓，现在则在保留温情的同时，更侧重于专业分析、技术分析。

对政治话题的技术化处理

当我撰写涉及政治话题的文章时，采取的应对措施之一是对概念作技术化处理，这种处理方法早在几年前就开始了。例如，许多媒体在谈“政治体制改革”时，常常替换为“行政体制改革”与“政府体制改革”等。但从概念上看，后两个字眼是否在“政治体制改革”范畴之内都是可以怀疑的，顶多属于最低层次的"政治体制改革"范畴。我采取的等价概念是"公共治理转型"、"公共治理改革"与"国家治理转型"等。现在这些字眼使用的媒体越来越多，最早使用至少最早大量使用这些字眼的媒体应该是南周。替换的字眼好就好在与"政治体制改革"是一个意思，但表述更中性、更技术化。

应对措施之二是在论证上走技术分析之路，谈透彻，在观点与逻辑上绝不妥协。例如，对中央部委出台的政策有看法，大家都知道老虎屁股摸不得，怎么办？先是言不由衷地找所谓的两点捧一下、夸一下，然后再小心翼翼地商榷几句，这样的写法牺牲了观点与逻辑的一贯性，不可取；另一个极端，破口大骂，很可能过不了或把关时被删得七零八落、上气不接下气，即使侥幸被开了绿灯也可能会引发被批评方的强烈反应，亦不可取。我认为要换一种批评的方式，就是该批评的地方在观点上决不妥协，但要用严谨的逻辑与可靠的证据保护自己的观点。

技术分析难于但也胜于政治表态与道德宣教，这是在商业社会成长起来的新一代读者的要求，也有利于降低舆论场民粹主义浓度，塑造一个高质量的思想自由市场。

案例：宪政的英国与革命的法国

另一个案例。在王岐山推荐托克维尔《旧制度与大革命》之后，出现了一股谈论热潮。在 2013 年 1 月第四期我也刊发了《以自由看待革命：英国道路与法国道路之别——〈旧制度与大革命〉中的真问题》，发表之后，引起了良好的反响。

因为托克维尔说大革命并没有在德意志境内"那些中世纪制度保留得最大、人民受其苛政折磨最深的地方"爆发，反而在法国这样中世纪制度松动的国家爆发。有人将其总结为托克维尔定理："传统国家在向现代国家转型的改革过程中革命的风险最大"，似乎如果不转型，革命的风险反而会降低。

我的观感是，拒不改革的革命风险很大（如卡扎菲时代的利比亚），改革不当的革命风险也很大（如托克维尔时代的法国），改革是必须的，不同的改革道路才是决定改革成败与否、革命风险高低的关键因素。不过这只是一个想法，找到逻辑与证据的支持才行。

从初始条件看，英法都是从封建制度走出来的。正如托克维尔所说：中世纪英法等国农民的处境没有什么不同，土地按同样的方式为人们所拥有，所占据，所耕种，耕者承担同样的义务。但为什么英国走向了宪政，法国革命不断呢？

英国走出中世纪的方式很特别。地理大发现之后，外部市场扩大，刺激了羊毛及羊毛制品的出口，英国作为岛国有额外的优势。这就导致了畜牧业和毛纺业的发展。领欧洲风气之先的圈地运动应运而生。在封建制度下，在贵族的直领地和农民的份地外，有所谓的公地。贵族纷纷把这部分地圈占起

代表作品 2

作品名称：以自由看待革命：英国道路与法国道路之别——《旧制度与大革命》中的真问题

刊载媒体：南方周末

发表时间：2013年1月24日

作品影响：在王岐山推荐托克维尔《旧制度与大革命》后，国内兴起了一股阅读与解读该书的潮流。本文论证了宪政英国与革命法国判为两途的内在逻辑，该原创观点被《21世纪经济报道》的专题报道所引用，并在网络上被广泛转载与讨论，受到一些学者的好评。

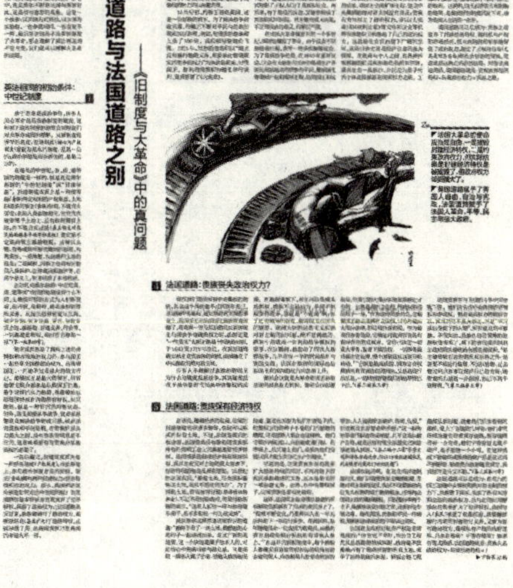
大参考

以自由看待革命：英国道路与法国道路之别

——《旧制度与大革命》中的真问题

代表作品 2

作品名称：地方债大摸底：有限政府的契机

刊载媒体：南方周末

发表时间：2013年9月19日

作品影响：本文从向资本市场发债券的正面意义入手，阐述了法治与公共治理水平同债券收益率（度量风险）的负相关关系，普及了法治与信用的相关原理，从更高的视角阐述了地方发债改革的必要性，该文被诸多网络媒体转载，激发了许多高质量的讨论，受到同行与一些学者的肯定。

来，使用与收益有如自己的直领地；又和农民解约，取消永佃权与人身依附关系。在市场的倒逼之下，英国贵族主动放弃了封建经济特权，逐步确立私产制度。

想要扩张与独享权力是君主天性。但英国历代国王中央集权的努力以失败告终——从1215年的《大宪章》到1640年重开议会以后的英国内战与《权利法案》，但王权并非一无可取，国王和贵族互相制衡的结果，促使好的制度沉淀下来。总体上英国贵族保住了政治权力，阻止了王权对自由（尤其是经济自由）和社会自治的侵蚀，宪政就是这两点的必然结果。用等式表达的话，英国道路就是：F（贵族放弃经济特权，保留政治权力）=宪政。

法国道路正好反过来，在查理一世及其后的几位英国国王与国会争夺

大参考

地方债大摸底：有限政府的契机

政治权力时，法国正是“一代英主”太阳王路易十四统治时期，于 1643 至 1715 年在位。在英国最终确立君主立宪政体的同时，法国确立了中央集权的绝对君主制。法国贵族在与王权的斗争中完全败下阵来，他们丧失了在中央政权的话事权和参政权。

随着经济的发展，法国的封建制度也在逐步解体。不过，法国贵族继续保有封建经济特权，农民不仅要继续向已失去权势的领主缴纳租金，还得向政府缴纳赋税。而在英国，贵族和平民一样纳税，赋税和法律面前的平等早已实现。法国道路就是：F（贵族失去政治权力，保留收租与免税等经济特权）= 革命。

两国道路的差别，令两国社会面貌大不一样：英国人热爱自由，致力于生产性努力；法国人相信权力、迷恋权力，热衷分配性努力。令“公知”的类型也不一样：“在英国，研究治国之道者与统治者是混合在一起的，一些人将新思想引进实践，另一些人借助事实来纠正和限定理论。”在法国，统治者与整天谈论政治普遍原则的是两类人，托克维尔挖苦道：“其他种种自由的废墟里，我们还保留了一种自由：我们还能够差不多毫无限制地进行哲学思辩，论述社会的起源、政府的本质和人类的原始权利。”人民与知识分子的气质不同亦助力了宪政英国与革命法国的分野。

这样以技术分析的方法谈宪政，既没有风险，也直逼问题的核心。

对公共政策话题的专业分析

我用这么长的篇幅讨论政治议题技术化处理的原则与案例，是为了说明一点，既然连敏感的政治话题都可以走技术分析之路，那一般的公共政策话题就更不在话下了。不过后者要谈出新意来也不容易，必须要达到专业分析的高度才行，这就必须把政治学、法学与经济学及数理统计的知见融于一炉。

以我 2013 年 9 月 7500 字的大参考文章《地方债大摸底：有限政府的契机》为例。地方债这个话题媒体谈得够多了，但主要是从债务风险角度阐发的。我则认为风险就是契机，风险才是契机，这是一次分割中央政府与地方政府权限与责任的机会、提升地方政府法治与公共治理水平的机会。听起来好像拔高了，不过我有论证。

美国为什么能向全世界发债？发行债券本质是信用扩张，信用是法治的一个函数。所以我们不要以为借钱就是坏事，自力更生最好，这是前商业社会的想法，是金融恐惧症。关键在于怎么借债。现在法律规定地方政府不能借债，但根本就没有可行性，地方政府会走后门，通过投融资平台甚至信托借钱，反而导致了更多的风险，增加了更多的不确定性。中央要搞清楚债务规模，都要花大力气搞普查或抽查，得出来的数据还不是实时的、质量也未必高，所以应该在堵塞其他借债渠道的同时给地方政府走正门，让其向资本市场公开发行债券。

这样做的好处是，任何监管机构都不可能比投资者更关心自己的钱及投资安全，所以在购买债券之前，必定要求地方政府公开尽可能多的相关信息。因为地方政府的任何一个政策变动都可能影响债券的价格，所以投资者、债券分析师与信用评级机构会不间断地实时跟进地方政府的举动。

在这样的监督之下，地方政府的投资决策犯错误的概率也会降低。在没有统一债券市场的监督下，地方政府做了错误投资，只能下注之后才能看出来，这个时候大错已经铸成，像各地的鬼城。在市场监督之下，某个地方政府出台一个政策，如果被市场认为会影响其未来财务状况，专业机构就会调低对其债券信用评级，其债券的价格马上会下降（收

大参考

超低生育率：西方文明的真正危机

向内向内，整建制输出上海经验

益率上升)。这样，地方政府会忌惮于市场的反应而减少刷政绩的短期行为。

这样的游戏规则，会促使地方政府在改善法治与公共治理方面进行竞争。如果全国所有的地方政府都被杜绝了别的融资渠道，只能向金融市场发行债券，那只要看一下地方政府的债券收益率排名就知道这些地方的法治状况。债券的收益率越低，发行方信用也就越好、法治与公共治理状况也就越好。

上述是我在内部有较好评价与在外部有较好反响的两篇文章，我的总结是：技术分析难于但也胜于政治表态与道德宣教，这是在商业社会成长起来的新一代读者的要求，也有利于降低舆论场民粹主义浓度，塑造一个高质量的思想自由市场。

(作者系南方周末评论员)

围观
陈斌
3

“换着词儿讲”的艺术与科学

戴志勇

认识陈斌是2005年刚入职时，我们都住在289号大院旁边的电力招待所，一间房，不同床。已经忘了我们讨论过多少问题，但从天文到地理，从经济学到政治学再到哲学，基本上从没停过。陈斌涉猎范围之广，同事朋友圈里，数不出几个。往往，跟他讨论一番后，我得回头去找资料再补补课。那时，陈斌还没写那么多评论文章。我们虽然争论具体问题，但不算吵架。最后，总能哈哈一笑，搁置争议，求得大同。

后来，我们都来到了南周评论部。于是，我们的讨论成了例行公事。每周一的下午，都是选题会，总有几个一周最热的题目，要拿出来议一议。

2013年年会还可以在外面开，住宽敞的酒店，虽然是两人一间。我们又凑在一起。都是爱读书的人，我拿着一本马勇的新书《清亡启示录》，看看陈斌，他手头翻着的似乎是本很高大上的高数，让我这个学哲学的人膜拜不已。

第二天一起吃饭，我正在饭桌上说某某某的观点有点左，他老人家突然来了一句：我看你有时候也是个左派嘛！我一惊，内省：大概是我写过好几篇文章主张工人有自主组织工会的权利。不过在我看来，哈耶克也并不一概地反对工会，他只不过是反对那种强迫别人入会的搞法而已。尤其，在中国当前的语境下，任何结社的空间都值得争取，因为博弈的对象，并非单纯的资本，而是权力与资本的结盟。

陈斌在这个话题上的观点，是靠纳税人供养的公共部门员工应该没有权利组织工会及拥有集体谈判权利，因为博弈的另一方名义上是纳税人，是缺位的，才是真正弱势的一方。如果他们被赋予这两种权利，那不过是自己跟自己“博弈”，这能博弈得起来吗？公务员会反对给自己加工资福利吗？此外，民营企业员工当然可以组织工会，但不能拥有与政府一样的暴力执法权，对雇主动用私刑等。

@王颖：陈斌老师是我在南周认识的第一位编辑。他，学识渊博、充满活力、乐于与人交流。每当他来到办公室，气氛就会变得异常活跃，幽默的话题总让大家忘却了工作的疲劳。他，对人细心、对事认真。每次我做完跟版工作后，陈斌老师都会对我说声“谢谢，麻烦你了”。陈斌老师对版面要求很严格，但当我出错时，他从不批评，只是指出错误所在让我改正。

笑蜀走了，李铁来了。评论部的氛围还是一如既往地简单。李铁也是爽快人，在浸会大学读博士，论文选题是政治中立性。我们在一起讨论的话题，又多了社群主义对阵自由主义，多了儒家与社群主义的比较。李铁喜欢嘲笑公知与“粗鄙的自由主义者”，跟李银河同学公开辩论，反对同性恋婚姻。有一次，为了显得有底气，这位爷把陈斌、史哲、我几个都在微博上供了出去：评论部哥几个都反对同性婚姻！据说，有拉拉气不过，想设个陷阱色诱李铁。好在，最后没有付诸实践。

类似这种“政治不正确”的话，陈斌是不会公开讲的，他会悄悄地讲，拐着弯儿讲，换着词儿讲。讲得审稿人看不出什么问题。他明明是诺齐克的信徒，连罗尔斯也极力反对。这样的保守派，被毙的稿件居然远远没有我多。这大概是他的高明之处。

如 2013 年 2 月他写了一篇方舟《告别丛林式的国际关系思维》，这篇文章引起了一些左翼人士的批判。文章主要批驳把国际关系视为丛林、是零和游戏的思维，强调贸易与合作才是长久之道。举例说明历史上英国富起来靠的不是掠夺而是贸易与低关税，顺带还挖苦了粮食进口影响粮食安全的说法。

我们知道，传统媒体的舆论空间要比网络媒体小，南周更是处在一个特殊的位置上，这种情势逼着我们要下大力气，以保住我们的读者群。就评论而言，我们要留住与赢得读者，必须在增量上下功夫，告诉读者他们所不知道而又愿意知道的，那就要专业技术分析制胜。

看我们这几年的评论，跟 5 年前与 10 年前很不一样。痛斥贪官与腐败之类的文章读者早已审美疲劳，但事关每一个人利益的医保社保怎么搞大家不可能不关心，如果这方面有逻辑清晰、证据充分的说理文章，读者当然有兴趣看。陈斌在这方面有若干篇文章，一些文章观点还有原创性。

他主张新加坡式的个人账户；其实我在这一点上比他还右，我主张回归到有金融、保险与风投等功能的家庭保障机制，他也觉得好，只是觉得当下暂时还做不到。

陈斌在2013年有7篇大文章发表在我主持的大参考版面上，其中讲地方债的那篇、讲《旧制度与大革命》的那篇是我版面上评级很高的文章。2014到来了，他仍保持着这种思考与写作的动力，希望他的文章能更精彩。

（作者系南方周末评论员）

曹轲点评 关键词：精致

泛泛的启蒙呐喊，与流于表达宣教，不再受读者追捧是社会的进步。进一步的社会变革中，需要延展新的话语空间，构建新的话语体系。从舆论到舆情，从管制到治理，说到底都是技术活儿。陈斌的力量在于专业，术之为道，超越古今王霸之争，道之为用，摆脱中西路径之困。

邓春

生在贵州，长在贵州，2010年贵州大学毕业后南漂到广州。未来没法预测，但很喜欢今天的工作和生活，感恩一路走来遇到的一切。热爱新闻事业，对新技术充满好奇，满怀希望地期待一个不可以想象的明天。

我的南方梦

传说

2013年度记者 入选理由

邓春虽然总是笑眯眯的好像没啥脑子，其实她一直在琢磨。有时候想得太多，有时候想得太少，但她不会停止思考。慢慢地从替补到主力，不声不响。

记者感言 1

冬日温暖的阳光透过阳台，射进窗户。室内可以看见的，除了阳光的斑点还有飞扬的尘土，以及坐在窗前写总结的我。

一、追梦

知道南方报业，知道《南方周末》，知道《南方都市报》是大一读新闻系才开始的。也是在这一年，我给自己确定了一个比较远大和上档次的目标，要到南方报业去学习，看看别人是怎么做新闻的。

可是大学老师熊彷很贱地说："人家不是什么人都要的。那么多名校的学生都去南方报业应聘，人家凭什么要你，只要投简历，人力资源一看简历不是名校，就直接刷掉你啦。"

是呀，人家凭什么要我？那就学习呗锻炼呗。从大一开始，每一个寒暑假都去贵阳本地的报社实习，然后是泡图书馆，好在学校学霸不多，图书馆永远有大把位置随时等着我。

很多书其实看不懂的，到现在也就能记得一个书名。但是我已经懂得鉴别，只要翻上两页，我就可以知道一本书该不该继续花费时间读下去，再也不会相信所谓"开卷有益"。也开始有选择地去上课，再也不是乖学生，也不断地逃课。

也就是这样，时间很快到了大四，终于可以到南方来了。

二、南漂

从到南都佛山站实习开始，来到广东正好四年两个月。除去第一年找工作的几个月，剩下的时间基本上都在南都微博小组度过。我们有一个好玩的领导谭人玮，大家都叫他谭老师。

谭老师是我三年前进入公司面试时认识的。他喜欢开玩笑，喜欢调侃，"以前我单身的时候，小胖（王星）老叫我去泡谁谁谁"。谭老师还总给我们炫耀："我已经在南都做了10年记者。"

他完全没有领导的架子，更为重要的是在业务上，他愿意像“奶爸”一样，指导我们这些刚入行的新人，尊重我们的意见，和我们讨论。

每周的小组例会，他从来不会多说一句与新闻业务无关的内容。工作总结只有两点：一周中哪些稿子做得好，好在哪里；哪些稿子做得不够好，不好在哪里。然后，谭老师就会结合他的经验给我们讲解，好的稿子还可以再怎么突破，不好的稿子怎样提高：是选点不对，还是用词不当；是对事件本身了解不够，还是没有去对事件背景进行深入了解……

面对大大小小的指示，有时候我就会很沮丧，对着谭老师抱怨，怎么感觉这新闻越做越没趣，这样下去不久完全变成闭口不言了，做下去还有什么意义。但是谭老师的话总是会让我豁然开朗，“你看看内蒙古老兵打新兵的新闻，要是在前几年，想都不能想能这么大范围的传播。要保持乐观的态度向前看”。

我们一直以媒体人最严格的的要求来要求自己，可以卖萌，但是绝不烂俗；可以有自己的观点，但绝不随意从众；可以辟谣，但绝不乱传谣。

孔子说，“师者，传道授业解惑也。”谭老师不就是么。其实这种老师、这种教学方式才是大学新闻系的学生应该真正需要的。

谭老师总是说，“你们尽管相信自己，大胆的去做，有什么问题有我顶着”。

很幸运，在南方，我遇到了真正的南都人。

三、官微

我相信凡事上帝都有最好的安排，但前提是安排了你就要认真地去做。

算算时间，除了实习那几个月是跟着记者在一线采访外，之后一直以南都微博机器人的身份至今。

南都微博小组成立不多久，就遇上 2011 年 7 月的温州动车事故。得益于微博网友及时、迅速发布相关信息，事故发生不到十分钟大家就了解了情况。南方都市报官方微博也由于在动车事故中报道准确及时，转发量和粉丝量突飞猛进。

两年多来，我们摸索微博上的传播规律，揣摩微博的语法，在一年之内就达到了原本设定的中期目标。按新浪提供的评测，在2011年我们是所有媒体账号里，综合影响力第一名。2012年，还是传统媒体账号里综合影响力第一名，所有媒体排名仅排在@财经网 之后。也在2012年，我们小组拿到了南都网大奖。

激情总会有消去的一天，也不是每天都有各种大事件发生，微博工作更多的是不断地一次又一次的翻报纸、一次又一次的刷屏、一次又一次的去浏览门户，寻找可以发布的微博内容来编写。微博编写又是一个字一个字的精挑细选，140字，除去链接10个字，我们要用130字，勾勒出一篇几千字文章的精华，体现出写作者的思想，还要表现出故事的吸引力，然后是配图、视频等等，都不能有一点马虎。由于有了之前实习时的现场体验，我更能从记者的稿子中发现亮点，找到更适合的编写角度。

微博新闻编辑其实也算是一个屌丝行业，从业者普遍缺乏新闻伦理素养和价值观判断，甚至不少人认为，粉丝数、转发评论及风云榜排行才是判断一条微博的标准。但我们一直坚持南都微博，也要符合南

代表作品 2

作品名称：随波豕流

刊载媒体：南方都市报

发表时间：2013年3月14日

作品影响：网友们的创作热情因官方信息不透明而高涨，纷纷为黄浦江的死猪做各种吊唁和猜想。

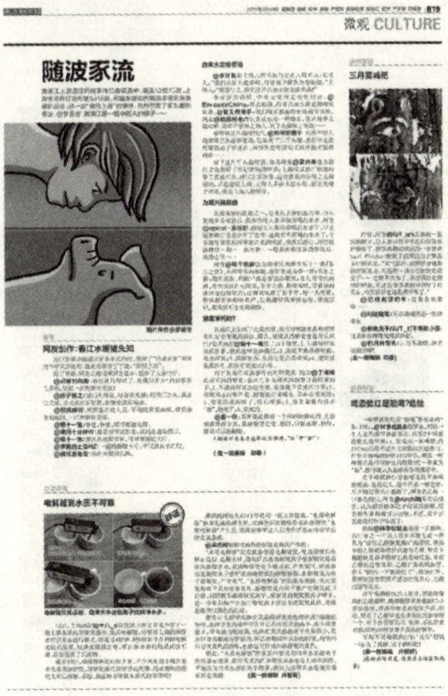
微观 CULTURE

随波豕流

网友创作：春江水暖猪先知

代表作品 2

作品名称：请牢记，领导不喜欢被超车……

刊载媒体：南方都市报官方微博

发表时间：2013年10月10日

作品影响：733万的天量点击，过万的转发，一个事故，一条微博，也可以成为批判社会的一面"哈哈镜"。

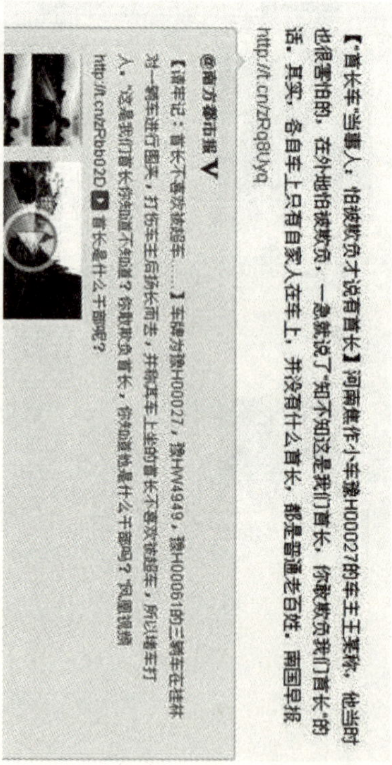

【"首长车"当事人：怕被欺负才说有首长】河南焦作小车豫H00027的车主王某称，他当时也很害怕的，在外地怕被欺负，一急就说了"知不知这是我们首长，你敢欺负我们首长"的话。其实，各自车上只有自家人在车上，并没有什么首长，都是普通老百姓。南国早报 http://t.cn/zRq8Uyq

@南方都市报V

【请牢记：首长不喜欢被超车……】车牌为豫H00027，豫HW4949，豫H00061的三辆车在桂林对一辆车进行围夹，打伤车主后扬长而去，并称其车上坐的首长不喜欢被超车，所以堵车打人。"这是我们首长你知道不知道？你敢欺负首长，你知道他是什么干部吗？"凤凰视频 http://t.cn/zRbb02D 首长是什么干部呢？

都自己新闻的品牌定位。

我们一直以媒体人最严格的的要求来要求自己，可以卖萌，但是绝不烂俗；可以有自己的观点，但绝不随意从众；可以辟谣，但绝不乱传谣（任何消息都经过微博编辑认真核实，没法核实到的，我们会联系到相对应的记者，请记者去核实）；追求粉丝数转发数评论数，但绝不浮躁和虚荣；拼速度拼热点，但绝不迎合粉丝。我始终坚信，新闻是有态度的、有观点的。

做微博编辑这么久，已经不会像刚开始时，看到网友对自己编发的新闻观点发出异议就精神紧张。

更明显的提升是，对一个事件能否会火会热的判断力，对一个新闻的准确度的判断，这是任何人都没法告诉你的，只有经过一条新闻一条新闻的阅读、编写，反复的琢磨之后，才会有的。经常出现的一种情况是，早上上班的路上买了早餐，然后放在桌上开电脑开始工作，等到肚子咕咕叫的时候，一看表已经是午饭时间，而上班路上买的早餐还在办公桌的另一角安详地看着我。

当然，这样坐了三年后，我因为颈椎问题进了医院。

四、转折

2013 年，是微博转折年。

现在只要遇到熟悉的同事、朋友，大家都会问起，微博现在怎样了？身边的朋友都一致表示现在不那么频繁刷微博，更有甚者，已经是半年多没有刷过。

南都官微以前的优势也不再明显。

虽然我们与采编系统的打通比别家媒体早，但也一直没有更多的提升。我们有优势的应该是本地新闻，但能造成全国性关注的是少数。全国性热点，时效上不可能与央媒抗衡。深度上，南都记者还没到现场就被召回的的情况经常发生。直接后果就是我们在全国性热点问题上只能跟在其他媒体后面报道，引用别人的稿件，尤其是央媒的报道，相当于给自己的竞争对手加大传播影响力。

作为一个有近 3 年工作经验的微博编辑，我正好见证了微博由盛而衰的过程。

对于微博等社交类网站的活跃度下降，有人认为原因有四：一是一些用户认为“社交类网站浪费时间”，减少使用。二是网民转向微信等替代性产品。在减少使用微博的用户中，37.4% 的人转而使用微信。第三，长期间使用后，丧失新鲜感。第四，与朋友的互动变少。

也许吧，不过我认为真正的原因那才叫“背后的故事”。

微博现在死气沉沉，微信明天会更远吗？而且这真的仅仅是微博和微信如何发展的问题吗？

对于这些背后的故事，我想用聂绀弩在杂文《早醒记》里面的最后两段来结尾：

“卑贱的灵魂产生于有卑贱者和虐待卑贱者的世界。这个世界不但虐待卑贱者，还使他们在被虐待中不敢乃至不敢想到反抗和报复，不但不敢乃至不敢想到反抗和报复，还把反抗者和报复的对象误认为是更卑贱的弱小者。于是，卑贱者一面安于被虐待，一面还能够虐待别人自熹，而虐待卑贱者的世界遂得毫无漏洞，秩序井然……

我诅咒卑贱的灵魂，但更诅咒使人灵魂卑贱的这卑贱的世间。”

（作者系南都网编辑）

围观
邓春
3

我的“女汉纸”同事春哥

许智莉

2011年，那一年我刚毕业，恰巧碰上南都官微小组招兵买马，误打误撞成了官微小组的一员，而春哥则成为我人生中第一批同事中的一员。如今，我们共事了两年多，不小心成为官微组“最资深”的小编。

微博编辑如果仅仅只是搬搬抄抄，那永远只能是做一个复制粘贴的搬运工而已。春哥不满足于这一点。她很爱读书，视野很广，对新闻有独特的见解，也一开始就认定了走新媒体这条道路。

工作上，春哥喜欢与“指示”赛跑，总能判断出哪些新闻在不久的将来会得到“指示”的关顾，以至于早早编好内容，发官微和网友分享她的“猎物”；她还擅长于发现新闻中的亮点，并从脑中搜寻到各种关联新闻，整合做出一条又一条与众不同又有深度的微博。以至于一度被“盯”上，还被要求删稿。

生活中她俨然就是一个典型的“女汉纸”，质朴坦诚，从不矫情造作，说话不会拐弯抹角。作为“新媒体人”，当发现一篇有趣的新闻时，她能在安静的办公室大笑好一会；遇到不公的事情还会挺身而出，开心的时候还会吹吹口哨；在整个办公室都没男丁时，她甚至还能提起一瓶桶装水，不费吹灰之力怡然自得地换上，女汉纸有木有？小伙伴表示惊呆了有木有？

对于相对腼腆的我来说，春哥给我的最大感觉是特别擅长交际，不管和什么样的人在一起，她都能一秒钟和别人聊上。嗯，以至于我曾经认为，不分国籍，只要是个人，她都能搞定，不过前提是对方也能讲中文或者英文。

这，就是我眼中的邓春，一个典型的“女汉纸”春哥，工作上能拼搏，生活上能扛桶装水。

（作者系南都网微博编辑）

围观
邓春
3

一个活力无限的女子

廖银洁

尽管不同单位，也久未在一起为同一单新闻竞争、奋斗，但邓春这个外表看似小女孩，实则内心激情澎湃的朋友却一直给我惊喜。

我一直记得在佛山曾经共同经历过一个新闻：佛山市重点文物保护单位，位于禅城区一清代建筑苏氏书塾，被发现拆成平地，但是书塾的后人在很多年前就已经搬出，不知去向。在一天之内，在整个佛山所有媒体中，她是第一个也是惟一一个采访到那个文保单位后人的记者，还做了特写稿。

她的视野很广，对媒体的发展、趋势有自己的认识，尤其在前几年新媒体刚刚兴起她已认定这是她要走的媒体之路，并为之不断学习。她现在的工作主要是做微博，看似很简单，时而嬉笑怒骂、时而云淡风轻的每一条微博转发，实则都是她知识积累的体现，记得有一次等她下班一起去宵夜，她看了一个强拆评论。原文是"拆迁血案，苏州绝对不会是最后一宗。亟须提请注意，这绝非底层之间的恶斗，而是公民与权力的厮杀。处于权力末梢的拆迁人员，只要足够凶残，就能绑架整个国家机器并让其高效运转，让自己成为权力荫庇的对象。面对这样一个鼓励作恶的体制，我们能看到多少和解的可能？"

她看完评论后她马上就脱口出《诗经》的原句，"硕鼠硕鼠，无食我黍。三岁贯汝，莫我肯顾。"说要用那句转发，然后马上网络搜索原文，核对文字，这让早已将《诗经》等学过的古文和诗词抛之脑后的我汗颜！

职场上拼搏，生活中也是精神百倍，读研、学英语、听讲座、看书……"奋斗不息"正是她生活的注解，我总是为自己找借口感叹：哪有那么多时间学习？而她却会说：时间都是挤出来的，时间和岁月没有让她变得随波逐流，她依然坚守自己的信条，依然对所有她所不熟知的领域充满了求知欲，默默地为自己增值。

作为朋友，邓春的"女汉子"形象更是发挥得淋漓尽致，她说话很直，没有什么心计，她从不矫情造作，眼里容不下沙子，遇到不公平的事情会

@山头草 T-bag（黄恺）：编发微博的工作看起来单调乏味，其实很需要技巧，长长的一篇稿件化成短短的 140 字，便具有了无穷的传播力。长着一张圆脸的邓春，编发的微博却是棱角分明，她总是能以最独特的视角发现每一篇新闻的价值。

第一时间为朋友挺身而出，在她的世界里，对于朋友，“支持”是第一要素，能跟她成为朋友着实幸运。

空闲下来，她会去星巴克喝咖啡，而且一定要找靠窗边的位置，问她为什么？答：“为了看外面的帅哥美女养眼。”太雷人了！

当然，她内心也有非常温柔的一面，心情好时就去菜场买菜，照着手机上的菜谱做菜。她做得一手好菜，可以依据不同人的口味变换，还能根据各人喜好进行创作。

期待这个性格豪放、文思敏捷的女子，未来有更多的惊喜。

（作者系广州日报编辑）

曹轲点评 关键词：传说

网络不是网格，网格不是网罗。一挑一转，一萌一明，机器的背后是人，传说的背后是人。无数像邓春这样的小编如飞舞的精灵穿梭，微语如清新的鸟鸣婉转。早安晚安之间，人人手中各种型号的手机，真正智能化了；你好我好之际，火石电光的碎片丝丝交织，真正网络化了。

高江虹

貌似女强人，其实像大姐。为了忽悠采访对象装出各种老成、时尚、精明、天真的德行，其实互相知道内里就一纯屌丝，不忍揭穿。穷，却喜欢旅游。唯一心愿在挂掉前，多看看世界各个角落。及时行乐！极没出息！

貌似遗言

靠谱

2013年度记者 入选理由

这行奉行“出名要趁早”，有的记者天赋极高，作品与为人都很吸引眼球。高江虹显然不是这类，她各方面都算不上极出色。不过，几乎所有与之合作的记者编辑都会认同她很可靠，是个可信赖的记者。选题再有难度，她亦能有所突破，令人放心。她与采访对象的关系也值得称道。即使是做负面报道，几乎零投诉，分寸感极佳，于今时今日，难能可贵。

记者感言 1

一

接到题目一周，落笔艰难。

当真不知该说什么。

说生平吧？尚渺小得很，没到立碑资格。讲经验么？我还需要别人教我，哪敢去教别人。谈点感受？说不好就像发牢骚，没酸着别人自己先吐了。

1月17日周五晚截稿日，文档仍是一片空白。“我，来过，但，无话可说。”本想就这样交上去一句话，突然听说《中国周刊》采编团队解散，据说因为投资方撤资，将记者遣散，改为文摘类。

噢！又一个！

在2014年第一个月倒下的第二个传统媒体。

嗓子有点紧，突然想说点什么。也许，未来某一天，传统媒体哗啦啦全倒了，没了媒体，还能有谁来评这年度记者？此刻只言片语，倒成了遗言。

唉，遗言，那就多少说点。请诸君原谅我的吐槽。

过去这一年，传统媒体遭遇前所未有的唱衰，很多人给它写了墓志铭，尤其当刘洲伟等知名的媒体领军人的出走，国内数家刊物停刊，唱衰之声沸反盈天。

即使在传统媒体内部，议论前景、议论转型的各种声音也从小声细语到大声地交头接耳。传统媒体的衰落，俨然是事实，是趋势。不管我们每个身在其中的人愿不愿意承认。

我们写报道，喜欢在大时代背景下找小人物的时代印记。在这个传媒巨变期，我们作为从业者，不意间成了新闻事件的主角。

二

我今年三十四岁，从事记者第十一个年头。

大学所学是国际政治，却与新闻结缘。曾在都市报跑过热线，做过调查记者，四年后转行跑财经新闻。进入21世纪经济报道前半年，犹如梦游，都市报风格的稿子入不了编辑的眼，半年内只发了一两篇稿子，差点被踢出报馆。后经编辑点拨，突然开窍，稿子质量飞速成长，转正第一年居然拿了报社最佳新人奖。这个奖让我有了信心——可以做个好记者。

不过，我却不是个安分的好记者，可能是双子座的缘故，内心总有两个人在激烈地打架，我像个病人一样，脑子里从来没有停止过对自我的质疑，对职业的质疑，对未来的质疑。

2009年底，质疑随着人生的变故更甚。“我是谁”、“我的人生有何意义”、“我该为何而活”……这些本源问题，不断盘桓在脑海里。

我对于记者职业也产生了厌倦，因为我已是新闻熟手，报纸从周报变成日报，每日的新闻需求量很大，大量选题需要在当天采写完成。好多时候，我是在办公室里用电话完成所有采访，并没有到新闻现场。坦率地说，我对这种新闻产生方式有点厌倦。

很想一直就当个旁观者，悄悄地看，静静地听，记录在我的笔下，告诉给我的读者。如果他们足够有耐心，我愿意给他们写满50年。

2010年，我便趁着“广东媒体下基层”的锻炼机会，在惠州下面的一个乡镇挂职当起了公务员。用一年的时间观察基层百态，也用一年时间体察自己的内心需求。

有前辈曾无比惋惜我的自毁前程，也曾担心突然中断的写作节奏会找不回来。只有我自己知道，与其彷徨地趋前求索，不如退一步想清方向。我的天赋并不好，只是胜在一心一意。所以，我需要一个清晰的目标。

那年，我三十岁。

三

为了寻找答案，那三个本源问题我问了很多人。令我吃惊的是，很多人根本不想这些问题。有人则早就想明白了，便不再想。而我，过一段时间就会问一番，少有的折腾型。我后来才明白，其实我属于健忘型。因害怕忘了初心，不得不时时回望自己。

我是怎样的我？我要做个怎样的我？我于他人又如何？我爱钱吗？我要名吗？我会因为什么心满意足呢……反复地问，矫情的回答，坦率的回答，心酸的回答。最后是真实的回答。

唉，我是真的喜欢写文字，我是真的想用笔记录些东西，我也喜欢复杂世界里相对纯粹的信仰，再说记者相对简单的人际关系也符合我对职业的要求。

所以，2011 年我又回归记者这个职业。一心一意，想要做个专注到白发苍苍的老记者。

可是，计划赶不上变化。当我好不容易找到自我，欢喜地点头说我愿意，却要重新面临“不是职业抛弃我，而是社会抛弃了这个职业”的焦虑。

这个世界真有趣，这个时代真有趣。

有意思的是，这恰恰是我想要当记者的原因之一。谁还能找到如此精彩的巨变的时代，每几年诞生一个首富，每几年又陨落一个巨富，每个公司成长与消亡的背后牵扯出那么多故事与关系，这谈不上最坏的时代，但确确实实是记者的最好时代。

很想一直就当个旁观者，悄悄地看，静静地听，记录在我的笔下，告诉给我的读者。如果他们足够有耐心，我愿意给他们写满 50 年。流水般记录一个个人，一个个公司，一个个陌生的熟悉的世界。总有人要做这样的事，哪怕没有了媒体，讲故事的人依旧会在。

代表作品 2

作品名称：“搅局”阿根廷：北车“状告”南车削价竞争

刊载媒体：21 世纪经济报道

发表时间：2013 年 6 月 10 日

作品影响：这篇独家调查，以两家央企在海外的削价竞争为落点，透视我国装备制造业产能过剩背景下的央企争战恶果，该案例系央企海外扩张过程中的典型事件。此文引起了中央高层的高度关注，习近平主席在包括中央经济工作会议等多个场合，以此案例痛批央企的产能过剩和恶性竞争问题，敦促各部委高度关注并协同解决该类顽疾。

产业·公司

“搅局”阿根廷：北车“状告”南车削价竞争

东北首台核电机组投入商运

大家众说纷纭，关于媒体的未来。有的说媒体不会死，只会转变了传播的形式。新科技会颠覆媒体的运营模式、盈利模式……对此我没有研究，也无发言权。

我只想说，我相信这个行业会有很大的变化，早早追问自己内心的需求，寻找方向是必要的。因为，未来媒体很可能成为“圈养”与“供养”两种。被圈养者，有条件代价，而被供养者，需要高超的才华与坚忍。未来这种小而精的行业里容不下多少人，聪明的媒体人何苦在此熬着?

四

离开了媒体，我们能做什么？除了转投公司，或变身公关，或者自己扯旗开公司，我身边有不少同事开始了各式各样的创业，基于媒体价值挖掘的创业，有些项目是在报社内部孵化的，比如以前21特稿部的左志坚，爱读书的他搞了一个“拇指阅读”，深圳一些财经同事则共同做了FID项目，给机构和投资者提前推送行业与公司资讯。

有人怀疑这些项目偏离媒体主业，我不这么看。相反，我觉得这是在细分市场里尽可能满足不同读者需求。以前我们的日子太好过，以致于强迫读者消费每一样媒体生产的东西。但科技的进步给读者更多选择权，也让消费者可以大声说不，媒体应该学会在细分市场提供专业细致的服务，以挽留自己的受众。

正因为这些有创新精神的同事，我觉得不该过早断言媒体会消亡，媒体还有很多种价值与可能性尚待挖掘。有的媒体会被抛弃，不是因为时代和新科技，而是我们并没有做到极致。扪心自问，在内容的品质上，在表现的形式上，在传播的渠道上，我们真的都尽力地做到极致了吗？如果没有，被抛弃是活该，我们又有什么可以抱怨的呢?

有时候同事、同行之间也会交流，该怎么做得更好，还有哪些模式是可以探索的，这些讨论往往能碰撞出火花来。2013年12月初，我参加华媒基金会主办的一期数据新闻培训课，记者、编辑与美术设计师、IT技术达人和证券研究员等跨行业人员一起交流，我才知道原来新闻的模样，并非限于文字与图画，还有更多种有趣的形式可以帮我们吸引读者的目光。而我们与读者的沟通方式，也不会是“读者来信”和“读者来电”那么呆板滞后，他们完全可以第一时间用不同的方式向我们反馈自己的看法……

上完课，我真心觉得，自己太无知了。有趣的世界广袤得很，有待我们探索。也许，我们还可以像老板一样考虑，这样的交互，如何产生经济价值，以保持其可持续性。后者真的可以有，越来越觉得，有些有价值的新闻应该项目制运作，数人合作，有人总策划，然后交由不同的专业人士来分工，内容、美编、编程、营销、售后顾问……每个组专注于某个小切口的领域，力求极致的专业严谨，又极富表现力。由于与读者的互动极频繁与深入，每个产品都切合读者需求。

如果真的有这样的新闻产品，应该是不愁卖的吧？如果集合如此新闻项目组的媒体，也应该倒不了吧？

如是想想，远未到绝望的时候，一起加油，小伙伴们！

（作者系21世纪经济报道记者）

围观
江虹
3

我们就是自己的出路

李银

我们常常并不那么了解自己。虽然，大多数人一般以为成年之后就对自身的优势弱项了若指掌，但其实漫长人生旅程中偶尔出现的一些状况会出乎意料地告诉自己，“嘿，你以为就这样了吗？才不是呢！”

2014 年 1 月 13 日下午，高江虹在电话里用略带了几分不敢置信的语气同我说了她的“小状况”：“那个，我被评为集团的年度记者……不太敢相信，怎么会是我？”

“为什么不会是你？”我大笑起来。

“因为觉得自己这一年不算那么出彩，还有很多记者做得比我好。”

“所谓的年度记者，不仅仅是看你这一年。其实看的是你过去的11年。”

她在电话里有点不确定地问：“你能否帮我写一篇印象记？”

钱钟书说，为他人做传是自我表现的一种。因为人们写作时通常喜欢加入自己的主见，借别人为题目来发挥自己。想到这里，我不禁一笑，文字里可携带的“私货”太多了，又似回到老好的编辑部岁月。

眨眨眼就能想起几年前第一次见到高江虹的场景。在 17 楼那间略显寒酸杂乱的办公室里，她过来面试，王玉德招呼我，“来，看一看这个记者怎样，从《信息时报》过来的，是你复旦的师妹。”

应声从电脑前回过头来，一眼看到一头乌黑长发，饱满的额头，以及额际的美人尖。这个印象实在深刻，因而每次接到她的电话，脑子就会自动浮现她的长发与那美人尖来。

同事多年，大家多是工作往来。但一个人的文字和工作习惯，往往能告诉你他（她）的心性特点。从字里行间探究是一个媒体人的基本功。初时我尚勤快地给一些年轻记者们做选题思路参考，产业公司版的老同事大概知道我这习惯，每每谈选题的时候，都会写一个方案参考的文档发给他们，从角度、切入点、重要人物、关键事件等等方面提示。后期逐渐对一些成熟的记者放养了，高江虹是其中之一。

@ **徐炜旋**：都说记者是流水线上的工人，按件计酬，说高级点就是“量化”，像我等俗人爱把稿子量化成房子车子，一个 WC 都够“量化”上一整年，各种苦大仇深……而高老师段数就要高出许多，她会把稿分量化成一段魅力航程、一晚五星级酒店、一次伦敦喂鸽子的体验……同是记者，她在享受生活，我们在艰难生存，你说她能不优秀么？

高江虹的文字算不上顶好，天分算不上顶尖，人缘也不算一流，口才亦不上佳，不太会说场面话，时常得罪人（此时应该出一个 but）……但较之一些投机的记者，她算一个挺靠谱的人。一直觉得，媒体人靠谱比文笔好重要，认真比巧言令色重要，敢迎难而上比一切都重要。编辑部讨论之后把高江虹放到北京，让她去攻交通部、铁道部、商务部这些难啃的部委，算得因才施用。贵报善用“内部竞争法”，一条线两个记者争，大家各显身手。可是正在得心应手的时候，2010 年 3 月，她竟然跑去惠州仲恺区陈江街道办挂职一年。

编辑部里各种议论翻飞，同事问我，“你是她的师姐，知道什么内情吗？”我耸耸肩，觉得这挺好的，至少多一个角度了解中国的现状。有人以为她会因此比别人少了一年媒体的积累，殊不知这一年，也许这正是她比别的记者多出来的积累。

媒体人纸上谈兵的多了，愿意用整整一年的时间去了解某个区域的情况，去体验基层乡镇生活，去接触农民的人不多。谁能真正在网络上、在他人的口中了解中国，了解社会呢？我们眼里的客观与真实，不但渺茫得很难实现，更狭隘得鲜少成立，即便圆睁两眼，视野仍然偏狭得可怜，所以我们的见识才平庸得可以当社论。

若随大流去思考与行动，未来将被抵押和丧失自己。回顾我们自己的媒体生涯时不妨自问：迄今为止你真正用心思考过的选题是什么？什么采访经历曾使得你像打了鸡血一样振奋？是否躲在舆论与习惯背后，放任自己做一个普通的记者？是否对曾经的文字了无遗憾？这些答案互相补充、扩展、超越，组成一个时间的阶梯，使你朝你自己一步步攀登。

一年之后，高江虹回归本职。2012 年，她就被民航资源网评选为“2011 年度最受民航关注记者”，现今又被评为集团的年度记者，可见其努力付出有目共睹。

她说自己有段时间很困惑，传统媒体消亡论甚嚣尘上，特别是 2013

年贵报创始人之一刘洲伟先生离职创业，让她有点茫然，思忖是否自己也应该寻找一个“出路”。她困惑得一个人跑去清迈呆了两天，按她的话说，是去冥想了。好山好水，静心静气都有助于一个人从纷纭繁杂的思虑中解脱出来。不知道是苦思冥想了两天还是玩乐了两天，总之她确定自己喜欢媒体，希望能一直喜欢下去。

高江虹对传统媒体去留的困惑，大概是目前所有媒体人的困惑。大多数人都在寻找着各种“出路”，其实我们就是自己的出路。不论是坚守在传统媒体的阵地，还是去新媒体的战壕，去不同的行业就职抑或去创业，我们所凭借的不都是自己吗？

（作者系21世纪经济报道产业公司前副主任）

曹轲点评 关键词：靠谱

靠谱是件多么开心的事，开心到以为记者是人际关系相对简单的职业。靠谱是件多么简单的事，简单到以为可以不断地这么写下去。然后并且一直地，作为一个靠谱的职业人，很不简单地一路写下来了。于人靠谱，于事靠谱，于己靠谱，高江虹的职业观，有谱可靠，成就可观。

贺莉丹

毕业院校：兰州大学新闻与传播学系。入行时间：2002 年。偶像：各行都有，写作者中马尔克斯、毛姆。经典语录：任何不以吃饭喝茶为目的的业务讨论都是耍流氓。职业目标：天长地久有时尽，唯有写字无尽处。座右铭：路，走对了，就不怕远。职业感悟：无论在职业的高峰抑或低谷，我希望自己都会有勇敢的意志、正直的心与沉静的态度。

写半斤文字，囤八两面霜

本色

2013年度记者 入选理由

已经很少有人像贺莉丹一样，专注写人性化的新闻，这可能是一份财经公共媒体不可或缺的语态。十年职业生涯积淀，专注的态度，温润的有张力的文字，待每位受访者以信托责任，道阻且长，她却初心不改。2013年，她依然在奔跑，并直面新的产品链条。在依旧充满毛茸茸质感的文字背后，她经历的不是轮回，而是对于新闻专业化发自内心的回应。

记者感言

1

近来发现，我聆听他人叙述的热情在增加，而倾吐自己的欲望越来越少。整个呈现的姿态是，喏，我站在这里，你们看着办吧。非常地不与时俱进呢。

一

元旦刚过，我在朋友圈中随手写了句：2014 年的关键词依然是，好好写东西写东西。

立即引发一片雪白的赞叹，与不解。一友发问，何时是头？我没吭声。啊，我真没想过这个问题。如有可能，我真想写到地老天荒！

怎样描绘我的 2013 年呢？这一年，是过去的绵延与续接，大抵是焦虑、挣扎与喜悦相伴的。

2012 年 10 月，秋天，天还蛮热，我填了堆表格，算办妥了 21 世纪经济报道入职手续。此前，时任新闻总监陈小莹已介绍我跟被称为贵报“第一帅”的副主编王云帆见了面（“贵报”为 21 世纪经济报道同仁对本报之昵称。关于王的帅居然也成为贵报令人发指的揽人砝码）。坐在王帅哥那个形状狭长的办公室里，顶着被荐为“文字好功底佳”等一系列口碑的我，淡定地想把几分局促强压下去。王帅哥粲然大眼看向我，徐徐启齿，你以后想往什么方向发展呢？如果你想，我们应该能为你提供一个团队。你不再单干无后援。大概此意。

那我，又为这份报纸提供什么？我自问。在这以前，我已在《新民周刊》工作七年，再往前，是在《外滩画报》工作的近三年，俩前东家均待我如初恋，由此揽获各种大小奖项，荣宠加身。啃的一直是时政、社会报道这块硬骨头。

站在从业十年的瓶颈上，我想，我如果不写字还能做些什么？我肩不能扛手不能提，不会摆摊，没耐心去淘宝，养的八盏盆栽两月后全军覆没……关于生活的一切我都笨拙，总在学习摸索阶段，且不是天才。我又不那么能够忍受一个机构的“规则”，后来总结为，享不了朝九晚五型白领的福。

许多昔日同行与好友已纷纷转型，呼啸而过，绝杀几轮。而我，似乎还在原地踏步，一直保持着默默单干的态势。尴尬吗？不，因我后知后觉。这行，江山代有才人出，注定要让一些人离开，一些人留下，离开或留下都是个人选择，也因各有考量。最重要的是自己心甘情愿吧，我想。

我的调调大抵是认真地理个来龙去脉，扎下去。足够轴。

这个时代节奏那么快，浮尘太多，每一天都有末日之感，个人能够止步吗？时代的脉搏在哪？事件真相是什么？恐怕行路的人也难把准。这时，我想放缓脚步，静下来心来，倾听。这急吼吼的世界里，我踉踉跄跄地先把好自己的脉搏，和心。我越来越意识到自己写不了急功近利的东西。

那个秋天的头版、特稿部的黄山年会中，主编刘晖提到，写新闻还是要有“毛茸茸的质感”。喔，这个我会。我心里动了动。

对我来说，叙述别人的故事，从来不那么容易。首要的是，所谓真实，从来不是原原本本划等号的，只能无限接近。其次，对于一些事件报道，身为报道者的我们有时反而会沉浸太深而无法自拔，正所谓“入戏太深”。

2013年底时，我码了句，“写半斤文字，囤八两面霜——今年我做到了！”用稿费换面霜抹脸，于是我是种奖励方式，是为抵挡写稿之损耗，让暗伤了无痕。

这一年也得了报社年度优秀员工奖。我想，我应该是能提供一些自己解读新闻的视角与态度的。只是我没想到，后来能成为贵报的“女神”。

二

“女神”——在2013年雅安地震报道期间，副主编王云帆首先这么称呼我。此称号在贵报内部不胫而走。

事实上，我女神混搭屌丝的气质，在越混乱的情况下越暴露无遗。彼时驱车赶往芦山途经雅安市时，北京站帅哥同事王峰陪同我去小店买雨衣，加厚型，老板娘硬要18块一件，我一气拿下10件，大户状问，15块吧？老板娘抵死不从。我抛下雨衣，扬长而去。后来我们再也没买到过雨衣。个子高高的王峰跟在我后面嘟囔，也就省30块。

为进入宝兴县，跟同事摄影记者刘斌与产经的肖夏一起，徒步八小时进山。中间还爬了段悬崖，真被绳子吊上去的，到最后我脚跟发软眼睛发晕，一躺在宝兴县城中学的操场地上就睡着了，直到小雨砸在脸上才醒。当原本作为雅安地震第二小组的我们，居然离奇地用最野蛮最原始的方式连夜赶路火速登上网络、通讯瘫痪的宝兴震区时，整个编辑部的震惊，我想应该还是有的。

在那一周内，我不洗脸不洗头不刷牙不换衣服鞋，没摘隐形眼镜，更别谈洗澡了。曾经我也是个天天洗澡讲卫生爱漂亮偶尔化妆的女子，但那时我内心已与这些外在的不适和解了。我的自我感觉还挺明眸皓齿的，看看白面公子肖夏，也觉得他就是黑点也不显脏。

第一篇稿子是在宝兴县城里的中国电信基站发的，喝着据说防治禽流感的板蓝根冲剂写着地震的稿，地还不时晃荡几下，感觉挺穿越。天太冷，居然幸运地“顺”到了一件中国电信橘黄马甲，写稿、睡觉均不离身，转移到县政府驻地帐篷时还是穿着，结果每天都有人掀开帐篷怒气冲天地问，你们中国电信的网络什么时候才能修好？！头两次，我一时居然没反应过来。那件吉祥马甲后来在成都时被蔫蔫的左志坚慧眼识中，以“下乡做公益冷”为由再次“顺”走，衣鹏为此写了个“他她体”，“她将离开，把战服留给他”，在群里流传，又是后话了。

头一次洗澡，已是一周后，突然得到通知说，晚上10点可以随

代表作品 2

作品名称：雅安地震系列报道

刊登媒体：21世纪经济报道

发表时间：2013年4月30日

作品影响：这些报道全部可谓是独家新闻。在一场巨大的灾难面前，作者用她的眼与心的观察，用她沉淀到第一线的触角，让我们看到了灾难对于普通人的生活与人心的损毁或修复过程，充满毛茸茸的质感与不泛滥的温情。报道刊发后不乏读者特别致电、撰文表达观感，当仁不让为《21世纪经济报道》的“贺三篇”。

震后七日：江山有思

两个护士的生死交集

同该县一位女副县长在部队军车上洗个热水澡！暗夜里跟在女副县长一行后面，我大摇大摆地登上了那辆高级的墨绿色军车，热水，舒坦哪，不过五六分钟后，就有大兵砰砰砰地敲门，洗好了吗该我们了！一行女生吓得手忙脚乱，包括那位女副县长，伊不忘边找衣裳边抖抖索索着说，这些个当兵的怎么这么性急……

其实在雅安时我内心并没那么慌乱，内心一片清明。汶川和玉树两次地震，我都是跑过震区的。汶川地震，我还在那里呆过 40 多天，那地名是烙在心底的。在类似灾难或突发报道中，女记者面临的问题其实就是体能障碍。细致的观察与韧性，这是我们的优势，拿不走的。体能障碍才让人感觉挫败。在报道玉树地震时，高原反应带来的许多表现形式，吐，喘，头痛欲裂……在我身上均有体现，那次真挺难的。

这次，我觉得能睡在地上已经很幸福，毕竟是平地嘛，不过多走一些路，这些小困难真不足为外人道也。无非都是个人对于职业的选择而已，不能说苦。既然选择了，就要走下去的。

所以在川半月，我非常干脆地一路狂写 10 篇报道，顿觉血脉畅通。一路上我遇到了一些震中的普通人，后来我又在一片慌乱中强力抓住了他们，他们成为我后来报道中的主人公。我向来对普通人的故事感兴趣。坐在乡亲的摩托车后座上飞驰，将那山区小县跑了个畅快淋漓，刘斌老师说我那时已是“灾民中的一员”。后来我在帐篷中写的三篇震中人物特写，登上贵报“震后七日：江山有思”那期地震特刊，被主编刘晖简称为“贺三篇”。

这一年的初夏，我又跑到西南边陲的云南抚仙湖采写此湖被地产项目围剿，顺道发现了当地一个工分制征地的奇事，驱车进征地村落时，村民从欲言又止到最终信任我，眼看夜幕低垂，司机着急地催促“快走快走”，村民也这么说，被催促的我没忘记再去向当地政府求证一些数据。这个有关征地的报道得到了经济学家周其仁的隔空点评，且奇葩地发表在一向被 21 视为竞争对手的《经济观察报》上。

这些慌乱动荡与潇洒不羁的碎片，顺着我性格中的底色，织就我 2013 年的一部分。这一年，我写的东西更沉稳。对那些浮躁气和火气，自己也警惕着。

三

好多事是内部有关联的。就像 2010 年在湖南凤凰遇到的乡村代课老师吴文忠那样，十多年来兢兢业业，拿着几乎是城市人一两餐打牙祭费的月工资。他们代表了我们周围的一些最普通的人群，坚守并捍卫个人的权利。谁能否认这部分的重要性?

我所处的位置，让我常可以见到那些被侮辱与被损害的人。这些为了你所不能想象到的基本需求而奋斗的生命，孜孜不倦，在没有光的情况下自己去燃烛，在没有水的情形下从未停止过寻找水源，沉默地留守，认真做自己喜欢的事情，再大的委屈砸过来，依旧自我安慰，依旧上路。

他们身上有让我觉得尊敬的元素。虽然我常抱怨说我因频繁接触这些事都快得忧郁症了，但这些经历表明，所碰到的负能量其实可以转化为正能量的——他们也让我明白，人能够关照自己的内心，弥足珍贵；但一个人对于自己内心，对于底线的坚持，更难也很值得。

我深信，当一个人全神贯注地去做一件自认为有意义的事情时，就好像凸透镜能聚焦太阳光那样，也许可以有小小改变，一花一世界，一沙一乾坤，也许星星之火可以燎原。我觉得自己的“天窗”慢慢打开了。

我没法把自己报道的量控制在一个生产标准线上。个体的微小有时很重很重。灵感来的时候不一样，有时在晚上，有时是白天，待思路一片澄明时，故事会

代表作品 2

作品名称：李某某案系列报道

刊登媒体：21 世纪经济报道

发表时间：2013 年 3 月至 11 月

作品影响：这组系列报道不带任何偏见地用最靠近事件核心的人与事，让我们无限贴近了事件真相。多家媒体转载，也印证了作者一以贯之的独到视角与对新闻的发掘能力。

2 / 公共

中国微须一场伐毛洗髓式变革

辩证李某某案　关键地点和关键分歧

酒吧之谜

“不要把法医职业搞得太随意”

自然在我脑海中形成画面感。

对我来说，叙述别人的故事，从来不那么容易。首要的是，所谓真实，从来不是原原本本划等号的，只能无限接近。其次，对于一些事件报道，身为报道者的我们有时反而会沉浸太深而无法自拔，正所谓“入戏太深”。我一直在提醒自己尽量避免这种身份植入，尽量啊。

在我在兰州大学念书的时代，一句对我们这些新闻系学子影响深刻的话是：新闻在纸上，我们在路上。后来才知道，说时容易做时难。作为一名记者，最牛的话不是“我听说”、“某人对我说”，而是一句：“我看到”，“我在现场”。这道理朴素实在，颠扑不破。

现在我觉得，跑当跑的路是正常，但怀揣着怎样的视角，用怎样的体察去跑这些路，更为重要。每个人都是尽心尽力地在写他的小历史。历史的“小宇宙”中会有一部分不可或缺的温情与人性——我希望自己能把到这个脉搏。

《约翰福音》说，“一粒麦子不落在地里死了，仍旧是一粒。若死了，就结出许多子粒来。”一粒麦子落地了，一粒麦子终将落地，对我来说，过程会比结果更重要。甘苦自知呢。

以后发达了，你想怎么过？一小伙伴问我。我想去江边用气枪打气球玩，想打几排就几排。我飞快地答复。而且要在黑夜掌灯时分盲打，那才过瘾！

四

回到特稿部，此部独具特色，屌丝与白富美云集。接的题么，向来是舅舅不疼姥姥不爱的。我感觉来这儿需要自己有能量特强大的小宇宙，得用奥特曼打怪兽的心态面对。

到了这里后，我常常怀疑自己是一个没有工作的人。有时一爬起来就打电话，将声音伪装得抑扬顿挫的，还穿着睡衣睡裤。纵然我声音甜美地去约访，也常被拒绝，顿觉元气大损。到后来自我安慰，这世界从来不缺彪悍，就看你能不能以柔克刚。

在翻滚的人和事中，有人看到戾气、八卦和喧哗，而我感受到的是挣扎、无可奈何和如溺水人一般的奋力一搏。你能让溺水的人怎么办呢？总归他要拨拉几下吧？很正常。

我曾在一个幼儿园弑童凶手的姐姐家睡过一晚。那是苏北农村，他姐是农妇，听闻弟弟所为后惊惶不安，这并不妨碍她那晚给我抱来一床新被子，农村的夜晚满天星斗。几年后采访作家阎连科时，他说他是特别相信生活背后还有一种生活的。我坐在对面，大概明白了这层意思。

2013年冬再访曹锦清教授，请他讲农村土地改革，仔仔细细准备了两周，我们谈了5个多小时，分三次谈的。画外音是，曹教授说，到了他这个年纪，更懂得了事物及人性的复杂性，所以对于凡是“绝对”的声音自己都会心生警惕。我心里默默记下。后来多有同行惦念这篇报道，反复问询台前幕后，想来应是触摸到一点事物本质的。以至准备葛剑雄教授与沈国舫院士的访谈，甚至接触颇为棘手的李某某案时，这个调调也是存在于字里行间的。

能遇到这些靠谱的有学养的前辈并与之交谈，真是幸运。遇到挫折血槽亏空时，我常这么自灌心灵鸡汤。做专业、准确的报道不仅需要平时的学习、积累，还需要细致、勤勉和耐心以慧眼识“金”，变与不变从来都在瞬息间。

2013年春厦门采编年会上，江艺平老师提到“不忘初心”，“不要因为我们走得足够远，就忘记了我们为什么出发。”台下几百位同仁端坐，她声音温柔，像在聊天。空气中仿佛有电流，我心头微微一颤，精神的共鸣和认同之类的东西确会薪火相传。

我恐惧在截稿前两天就四处宣称已交了稿的人。作为一个总在deadline（截稿）冲刺的人，我没法像按微波炉加热键一样提前好久就将文字烤好端出。

幸而答复我的总是耐心与等待。感谢大院里为了我的稿件在等待、那些灯火通明的晚上为了我文章中某个细节与情节而不倦讨论的人们（这张年轻的报纸不乏到凌晨还在谈论选题的“疯子”，面孔憔悴但精力旺盛），还有那些一路上遇到的师友、同学与同行者，有因才有果，“女神”的炼成，绝非偶然。

这一年，我个人的生命也发生震荡，我失去了人生中最爱我的外婆，更察觉时间珍贵，有梦最美，人生无悔。有梦的“疯子”最美。感谢你们的信任，让我可以完成这些交付的责任。

不忘初心，方得始终。时代浮躁，做好自己就挺好。

以上与诸君共勉。

（作者系21世纪经济报道记者）

围观莉丹 3

“女神”炼成记

衣鹏

贺莉丹老师在上海，我在北京。一年多来我们单独吃过两三次饭，再在各种年会上碰碰头，我所能知道的，大多都是她工作上的事。但这绝不会是贺老师的全部。

贺老师有大眼长发，轮廓清楚，再加上身上湖南妹的劲头，我想她从业十年，多的是圈内人了解的故事。

她说事儿，细节一定要交代清楚。关于这有个段子。她念书时，某次打电话找小伙伴，小伙伴不在家，她留言，说她“姓贺，祝贺的贺”，小伙伴他娘大概也就记住了后面半句，最后转告儿子，电话里找他那姑娘姓“祝”。

“祝贺”式的失误也许说明，在写注重细节的贺老师时，我写的也许都是“祝老师”。它们可能只是我轻率和易失真的联想。

21 特稿部先后两次与四川地震撞上。2008 年 5 月 13 日，贺老师与另外两位前特稿老同志就在同一架航班上邂逅了，左志坚老师是其一，他们是前后排。五年后，我们组织老同志到成都叙旧，还有围观群众和左老打趣说，他和贺老师应该续写当年未了的邂逅。

四年多前第一次听说贺老师时，我刚经她的一位兰州大学新闻系的学长介绍入行，这位学长喜欢各种心理分析，说她在这行很拼。我觉得，贺老师到我们这儿，有机缘，也确有些像心理防线松动时，被某熟人借机“下了蛊”……她跟我谈过此段，觉得说得挺准。

而从雅安震区走出来的贺老师，第二天就跟一位小正太在成都看了场电影《致青春》。小正太为此还特豪迈地废了张去重庆的大巴票，重新改买晚班车票。

来到 21 后，贺老师一度不适应这里的节奏。她总跟我说，21 是日报的节奏。相比当初她在一周出版一次的杂志而言，这里的一切可能是太快了。刚开始，每到交稿后，贺老师都会释放她的压力，各种吐槽。

@王云帆：贺莉丹单骑奔袭30小时进入雅安震中，八天无洗无漱，依然笑如夏花。发来的文字却让人垂泪。当她写尽一位姑娘的苦痛，落笔点是那一双红舞鞋。是的，她总喜欢在灰暗中找出一抹亮色，并且太习惯站在弱者角度。哪怕对象是李天一，她也会较真地调查每个可能造成枉判的细节。对于今日媒体人，她是真正未忘初心的少数派。

直到地震，我们才知道，贺老师“快”起来，真心不是凡人。

4月20日雅安地震发生时，贺老师人在北川，回访5年前她的记忆。雅安地震发生后，我们还在犹豫到底应该投入多大人力，而贺老师一直在群里要求要去震区。当时情况还不明朗，很多人说说再等等看吧。从北川到芦山有300多公里路程，依当时的路况，没人能保证最后可以走到哪段。

等到真的能上路了，贺老师一个电话打给了五年前带她进入汶川震区的司机。很快，这位司机就开着一辆夏利出现来接她。这位师傅因此成为地震报道微信群里的奇人。我经常觉得，是贺老师待人接物的细节与态度，让这位司机师傅在五年后都还力挺她。

2013年4月21日凌晨，贺老师带着四个大男人开始闯关。车上还装了我们的后续物资。当时新华社车队出现在他们前方，碰巧我的一位分社友人也在，我寻思着让车队带他们进入。没想到警方对官方媒体也说不，极其严厉的道路管制当时被视为是救灾的重要举措。在那几小时之前，我就在指挥部听到此消息，顿觉进震区希望渺茫。而他们已在路上。尤其急着赶路的贺老师也在。我没说什么，但心里已做好后续物资送不进来的准备。

蛮多人曾希望贺老师“慢一点”。当时我也跟她说，要么你到雅安就先休息吧。

如果这样，我们的报道肯定会被改写。我听到的转述版本是，好几次面对道路安全高压线时，贺老师都在车里喊，冲过去。居然就真的冲了过去，即便是连新华社也被挡住的坎儿前。那师傅方向盘一打，老练地带他们绕了更狭窄的县道，连夜赶路，直抵芦山。

凌晨6点，在芦山县政府门口一地玻璃碎渣前，我终于见到了贺老师。她第一句话就是跟我告别。她说，我们要去宝兴了，现在唯一没消息的地方。我心里想的，最后一句也没讲出来。

15分钟后，贺老师和那辆夏利向北驶去。又过了一会儿，贺老师发来短信说，她已经开始了8个多小时、约40公里的徒步之旅。那时天还没怎么亮。在贺老师的提议下，除摄影记者，文字记者都轻身上阵，把笔记本电脑放在车上，等交通恢复时作为后援补给。等那位司机听闻贺老师在宝兴无电脑但需发稿时，他扔下他那底盘坏掉的苦命的车，徒步往宝兴方向赶，将同事们的三台电脑亲自送到贺老师手里，之后折返，找地修车。

这段曲折的经历，奠定了贺老师震区报道的基石。贵报“女神”之说不胫而走。她开始了一天写三个版的特稿写作史，再顺便继续为调查报道与当地官员建立联系，比如，一大早把某位女县宣传部副部长挖出被窝，检查工作似地拿到经济损失数据，再在电话里和县长直接核实。

回到上海后，贺老师依然感慨节奏太快。不再有人当真这么想，而特地为此去安慰她了。

她曾跟我说，等她真的不在贵报了，你会怀念有这么一个靠谱的人的。我问，你难道不会怀念我么？她说，会啊，信任感是慢慢磨合彼此增加的。

贺老师生于湖南，说话节奏蛮快，但没有侵略性。这是一个较真而又细腻的人，写人记事都力求准确平衡。我总认为，在贺老师那里，好的方式是认真倾听，而不是急于表达你的看法。这样才会碰撞出更多的想法与思路。

直到现在，21 也没有改变她。倒是她的坚持，让编辑部能有一些改变。贺老师对细节，那是真爱。“女神”大概就是这么炼成的。

（作者系 21 世纪经济报道记者）

曹轲点评

关键词：本色

想到昆明邛竹寺，那里有佛陀世界最经典的五百罗汉塑像，各有本事，各有本色。在生活背后的生活中，触及不可或缺的温情与人性；在故事背后的故事中，把握有晴有雨的生活与万物。忽尔血槽亏空，转眼满血复活。这就是贺莉丹的女神本色，如来如去，不忘初心。

刘伟

辽宁大连人。辽宁大学新闻专业毕业。曾在《21 世纪经济报道》、《新京报》工作，2009 年入职《南方都市报》深度报道部。

这些年

突破

2013年度记者 入选理由

一名优秀的记者除了才情与技艺，更要持之以恒训练自己保持健全的心智，面对一次又一次的被疏离与被否定，将对新闻的信念融入到血液中而不只是挂在口头上，这是一个漫长且需要勇气与毅力的过程。过去的一年，刘伟做到了，从业了十几年后，在如此浮躁的年代，他用几篇沉甸甸的报道宣告自己黄金时代的开启。

记者
感言
1

做了十余年记者，习惯写别人。写起自己，反倒有些为难，就像摄影师拍惯他人，自拍总也调不好角度。2013年，在报社极力争取与担当下，采写了几篇比较满意的稿子。这本就是分内之事，实在不足挂齿。但“不积跬步无以至千里”，没有在南方报业长久以来历练，即便机会摆在面前，也会难以兑现。所以，回溯这些年在南方报业的成长，远比回顾过去一年有意义（以下为第三人称叙述）。

一

很多年前6月底的一个清晨，东方欲晓，一个身型瘦长的年轻人出现在广州火车站前广场上，身后拖着只小小拉杆箱。一路长途睡得极少，漫漫前路，从此开始独闯，他兴奋又紧张。这是他第一次踏上岭南大地，置身异乡，竟一时摸不清方向，杵在那里，像一根树桩。

按照行程，他在这里完成最后一次中转，然后抵达广东汕尾。几周前，他向那里的电视台递交了简历，获得最后面试机会。距离真正毕业其实还有一段时间，但他已经等不及。从出生到学业将成，在同一个地方待得太久，他对离开有些迫不及待。

他一直有一个懵懂的梦，对记者职业天然向往。高考时只填报了新闻一个志愿选项。当初并未多想这是怎样一条路，只觉得或许可以如传说中的记者一样，侠客般铁肩担道义，顺道游走四方。离开前，他本已接到本地一份报纸的录用通知，但对未知远方充满幻想。他那时并没有想要成为南方报业一员，或者不敢这样奢望。他脑海中也没有南方报系概念，对于她的全部认知都来自《南方周末》——老师们课上讲，同学们平时读，那些惊险缜密的黑幕揭示，那些醍醐灌顶的观念启蒙。它是心中圣殿，耀眼，但遥远。

前往汕尾之前，他习惯性地买了一份报纸。多年以后，他仍记得，当报摊老板递来厚厚一大摞报纸时，迎面扑来的那份震惊与不安。在他生活、读书及读书实习的城市，都市报通常是8个版，偶尔也会有16、32版，但上百个版见所未见，亦闻所未闻。他震惊于自己的狭隘与无知。他的大学过得浑浑噩噩，总是玩得多学得少，他觉得一切从来唾手可得，没什么是大不了的。这是他与后来供职《南方都市报》的第一次交集。他开始对未来有点担心。这一年，他 24 岁。

二

汕尾之行并不如预期般美好。他以为广东每个城市都是大体相当。他不甘心就这么离开，转道去了深圳，那里有高中时好友，当时在深圳做公务员。他立刻喜欢上了深圳，觉得这才是心中向往的城市。经过几次失败面试，及在私人杂志打工，他最终摸进了南方报业大门，尽管只是实习机会。在一个具体时间不详的下午，他推开深圳新闻大厦 3106 号房最靠里面的办公室，拜见一位"怎么看都不像好人"的人。但后来的事实表明，这个人比太多"看起来很好的人"还要好很多，这个人叫做金心异（真名张 XX），成为开启他记者生涯最重要的启蒙者与领路人。

谈话过程已记不清，只记得符老师喝了不少酒，让囊中羞涩的他为埋单而惴惴不安，临走却被告知，符老师早已付账。他酒量不错，事后有些后悔，早知如此一定会喝个痛快。

深圳新闻大厦 3106 室是集团 21 世纪经济报道当时深圳站的办公地点。见到金老师之前，还有一段故事。《21 世纪经济报道》横空出世风华正茂，门槛很高，作为一个非名校毕业又无工作经验的毕业生，他只能望门兴叹。经人指点，他要先去拜会一位符老师。介绍人说，符老师喜酌小酒，可与他约在酒馆面谈。那时符老师比现在瘦许多，不过还是黑得一如既往。谈话过程已记不清，只记得符老师喝了不少酒，让囊中羞涩的他为埋单而惴惴不安，临走却被告知，符老师早已付账。他酒量不错，事后有些后悔，早知如此一定会喝个痛快。符老师全名符定伟，是他接触的第一个南方报人。

他就这样开始了南方之路。这并不是一段可以轻描淡写的启程。当时《21 世纪经济报道》有着严格的考评制度，他用了一年多时间才成为正式记者。他为之前的散漫无术付出高昂代价。在他所报道的政经领域，他的知识储备严重匮乏。每一个选题，都必须经过长时间准备，需在网上搜索大量资料，分析、归类、解构，常常是熬到半夜回到住处，手里还攥着厚厚的打印材料。他不断阅读，大量学习，力求完善自己，他第一次感受到了力不从心的苦恼，也体会到了百炼成钢的喜悦。

在这里，他也第一次见识了新闻专业主义及优质团队文化，懂得良性竞争，感受人格光辉、团队关怀和人情温暖，他完成了一个记者的初成长。这是他踏进社会的第一站，温馨而受益累累。这一年，他 26 岁。

三

此后，他来到了新京报。那时新京报还不在幸福大街，它躲在一个北京街角的破大楼里，还属于南方报系。这也注定他在新京报无法幸福。记得刚进大楼时，整个采编几乎挤在一个大平层，很有点像大学时打游戏的网吧，跟在 21 世纪经济报道时所在的“高大上”写字楼反差“那是相当大”。

他在这里开始另一段记者旅程。那时新京报出差除非特批，通常只能坐火车。他所在核心报道部又是以出差为主，无论工作还是生活，他都提前进入屌丝行列（据说现在待遇大幅提高）。他跟他的同事们一道，整天坐着火车全国跑突发，做深度调查。大多数是突然接到采访任务即奔赴火车站，乘最近一班火车赶往

代表作品 2

作品名称：重庆不雅视频案系列报道

刊载媒体：南方都市报

发表时间：2013 年 5 月 27 日

作品影响：重大新闻的重大独家，报道出街后“羊城纸贵”。

事发地。有时来不及买票或买不到票，就只能拿着记者证往站台上冲。常常是乘一夜火车，到站即开始采访、写稿。有时连续奋战，直至采访完毕，才能安心睡上一觉。

那是一段苦闷与快乐交织的岁月。在这里，他开始接触到真实祖国，最僻远山区，最穷苦人群，看到社会百态，看到世风轮转；看到人生冷暖，看到人间恶善。他总是充满热情采访，充满激情写作。他感到责任重大，似乎很多人的命运就在笔下。他觉得践行了记者的价值。

生活怎会这般简单。慢慢地，他发现报道要么波澜不惊，要么泥牛入海，他和很多受采访者总是信心百倍，然后跌落深渊。周而复始，一而再再而三。他还见证了同事因为报道引火烧身。他觉得那个讨论业务畅所欲言聚会把酒言欢休息通宵“扎金花”的日子正在远去，他开始变得麻木，也不再热情高涨，觉得现实与理想落差太大。他开始怀疑工作意义，失去了精神上的追逐。他是一个感性的人。然后，他离开。这一年，他 29 岁。

四

此后，他在一家据称待遇很好的媒体工作，渐渐淡离了一线。他不必再为选题烦恼，不必再为出差发愁。按时上下班，余下大把时间闲散。但他内心从未宁静。当看到昔日同事报道引起强烈反响时，当看到发生重大新闻事件时，他无法将自己视作一名普通读者。他的内心始终有一股莫名的力量，告诉他必须做出改变。

终于，在他 30 岁这年，他与《南方都市报》有了再一次交集。南都深度部是一个卧虎藏龙部落，每个人身上都有一段传奇。在这里，年龄并不是检验能力成色的唯一标准，但年长定有神通。他再次看到了自己的差距，将以往最大化进行了清零处理，然后孜孜以求；看到别人优点及自己不足，然后尽力弥补，从突发到深度调查，他重新完善自己的节奏。

他是一个随心而定的人，南都给了他一个心中梦想平台，让他可以将采访更加深入，将稿子精心打磨，他可能永远无法比肩那些优秀同事，但他终于找到了自己的位置。一晃经年，他迎来最为忙碌的时期。2012 年重庆政坛遽变，轰轰烈烈的重庆打黑进入“第二季”。这期间，他与同事张舟逸合作，以重庆俊峰集团为例，披露重庆打黑中民营企业惨遭褫夺的样本；又独家专访到重庆打黑中警方标志性人物，在举国质疑而政府缄默背景下，还原“后打黑时代”各方生态。

2013 年初，他完整而独家获悉重庆不雅视频案从案发到案结的全部过程。并与同事张书舟一道完成了整个事件的完美还原。南都拿出一个深度周刊（8个版）版面刊发不雅视频案全纪录稿件。

这一年9月，“大师王林”事件愈演愈烈。大多数报道立论于和王林有利益纠葛的单方信息源，很多指控事实不清，有舆论审判之嫌。通过不断沟通，他争取到独家专访，整整三天时间里，王林针对所有的指控一一做了回应。他用了一个星期撰写稿件，力求客观还原，报社拿出5个版面对此事进行了重新解构。这是一组站在全国媒体“对立面”的报道，但离真相似乎更近。

2013年末年终总结时，部门全年刊发了5篇超过8000字的稿子，他占了4篇。在这个新旧媒体交替、140个字微博就可以搅动舆论的时代，这样的稿子实在太长了。的确是这样。他的思维还停留在旧时代，当大家热情拥抱新媒体的时候，他还在相信专业的调查报道依旧拥有未来。他依旧感性。这一年，他35岁。

（作者系南方都市报记者）

代表作品 2

作品名称：“大师”王林系列报道

刊载媒体：南方都市报

发表时间：2013年10月23日

作品影响：热点新闻B面，重塑整个事件，客观冷静的新闻立场。

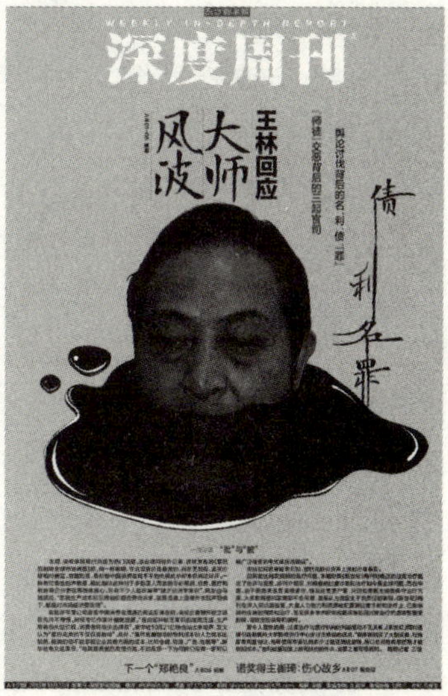
深度周刊
王林回应
大师风波
舆论讨伐背后的名、利、债、“罪”
“师徒”交恶背后的三起官司
债
利
名
罪
下一个“郑艳良”
诺奖得主奈琦：伤心故乡

围观
刘伟
3

认命吧，新闻屌丝

廖雪红

2012年春天南都深度新闻部年会上，刘伟罕有地喝醉了，有人把菜盘子的花戴在他头上。这天曾被视为他“记者生涯的最后一夜”。

刘伟，人称“深度第一帅锅”，唯美女与白切鸡不可辜负。在调查记者这条路上奔波近10年之后，为疲惫，怀疑，彷徨所困，他决意洗掉全国奔袭的仆仆风尘，去那高大上公司当高富帅了。只是为嘛他眼中还有如此多的不舍呢?

告别后，每日西装革履的金领生活，刘伟果然没坚持满3个月。到了夏天，在大家以挖苦、揶揄表达的欢迎声中，他又灰溜溜地回到屌丝群里。不久前在酒桌上给女同事寄高档海味、带男同事结识喀秋莎的凿凿承诺，也一概不作数了。

脚步累了，想要寻一个安定的码头，却发现心已经属于大海。3个月的新闻相思给刘伟留下了几条鱼尾纹，也多添了几分沉稳。这段小插曲或许让他更清晰地认识了自我，再次回到调查记者这条老路上，稍作调适，很快便找到了属于自己的位置。

一朝薄发总是因为多年厚积。2013年，成为了刘伟爆点不断的丰收年，除了在重庆打黑报道中的出众表现，仅《深度周刊》即被他两度“包版”：

5月27日8个版《雷政富“沦陷”全记录》，独家而完整地披露了重庆不雅视频案；10月23日5个版《“大师”王林沉浮录》，香港独家专访王林，在全国媒体几近一边倒的围剿中，提供了难能可贵的新闻B面。

这两组重磅独家，展示了刘伟对信息源的强大突破技巧，“大稿王”的操作模式亦已成型：先是两三个月悄无声息的深潜，既而是一周没日没夜的闭门苦写，最后，猛然抛出一枚惊雷。

雷政富稿上版当日，他飞来广州，向我们展示了厚达一尺的卷宗（惟

@王星WX：#我的极品同事#谁都认识几个刘伟。刘伟是中国第九多的名字，全国有241621个刘伟——而我认识的这个无疑是其中极品。他很帅，一表人才，各种名牌，随便一件T恤都顶别的记者一身。他很衰，只要他做猛稿大稿，必遇禁令毙稿，屡试不爽，几成伟哥魔咒。他很贱，前年他成功转型进了上市公司，屌丝记者变身成功人士，结果不到一年又回来了，继续当记者。老天爷估计是被感动了或气死了，魔咒解除，于是，他成了年度记者。请饭，必须的。

独没有视频！）和憔悴的熊猫眼。傍晚他亲眼目睹编辑顺利签片，终于安心地吃饭去了，待吃完回来，却发现版面全部被撤。那一刻他的表情，就是煮熟的白切鸡飞走了。

幸而，在报社的争取之下，几日之后报道终于拨云见日，但类似的发稿折磨、窃听疑云一直没消停。他还有一组报道经历了数个月的反复，如今仍然是沉睡的命运。

付出巨大体力和脑力完成作品，在享受完“洛阳纸贵”的精神奖赏之后，刘伟难免要琢磨这稿费，够不够刷新家的一面墙，够不够买一张豪华大床。他计算着郁闷着，难免会叹息，曾经有一份年薪××万的工作摆在我面前……

得了，新闻屌丝，你就认命吧！

这命是由心注定。做着黄菇馍馍生意的同事马金瑜，忙乱着挣扎着，“我还是想写点东西”；请儿子吃肯德基只舍得买半价桶的同事孙旭阳，一次次发誓要摆脱“冤案记者”的身份，但放不下那一个个上访者的来电；带着吃奶的娃娃去采访大火、一边抱着娃娃一边敲电脑的同事陈显玲，“从没想过不当记者会怎样……”

只要笔端还有冲动，脚步就不会停。

2014年春天深度年会，刘伟在总结自己的2013时说，即便现在告别记者生涯也了无遗憾了。

——伟哥，你这是又要跑路的前奏么？

——不是，我永远不会离开，我相信报纸的深度报道仍然很有生命力。

可贵的坚持者，有了这了无遗憾的“代表年”，在接受下一轮未知挑战之前，值得你给自己多点一份白切鸡！

（作者系南方都市报记者）

曹轲点评 关键词：突破

谎言是真相的天敌，记者是谎言的天敌。难在突破谎言的包围,难在突破真相的壁障。更难的是，突破自身的心障,制服狂乱的心魔。不避风险吉凶，迎难而上，迎恶而上，耿耿于怀厚积而薄发，激情淬火百炼始成钢。刘伟双重突破，方有了这一极品成色，方显出这一人生深度。

刘霞

出生云南，毕业于湖南科技学院中文系，2008年初入职云南信息报。心气很高，不允许自己活得漏洞百出、四分五裂，但同时又有着对自己乃至世界的公正宽广。喜欢帮助比自己弱小的人，就像帮助曾经弱小的自己。努力成为一个心智完整的女人，尽可能保证自己生命、头脑和感情的健康与质量。喜欢的格言：花儿没有翅膀，她靠绽放飞翔。

噢，原来是这样啊

链接

2013年度记者 入选理由

毫无疑问，她是2013年度云南信息报表现最为卓越的记者。小女子，大情怀。细腻的情感，敏捷的文字。媒体人之外，她更是一位关爱抗战老兵的志愿者，持续多年投身于抗战老兵志愿工作。2013年度，在“老兵，你好！”系列活动中大放异彩，为抗战老兵鼓与呼，为《云南信息报》赢得声誉与影响力。

记者感言

1

一

小区楼下有一群野猫，每当夜深人静我在窗前发呆的时候，就能听到它们的私语，我至今不明白它们这个团体到底有多大，但我对其中一只印象深刻：那是一只黑得发亮的成年猫，它经常坐在深夜的楼道口，露着两只诡异的眼睛，像是要审问夜归的我，我从来不敢和它直视，总是在夜色中匆匆逃离。其实我想和它谈谈很多黑色的故事。

2013年是我夜归最多的一年，这一年有5个月的时间集中在“老兵，你好！”大型公益活动，我和活动报道组成员凌晨离开单位已成习惯，在混合着兴奋和疲惫的夜色里，大家常去位于巫家坝机场街边的开远土鸡米线店宵夜，有时候太困，常常食不知味，总觉得在米线遍街的昆明，男同学们如此舍近求远，完全是为了偶遇空姐。

二

很多时候我的想法既矛盾又天马行空，比如我很羡慕《水浒传》里大块吃肉、大碗喝酒的江湖，同时我又觉得成为《红楼梦》中的林妹妹也很好，但做记者却是我从小的想法，几乎没怎么改变过。

尽管这个想法根深蒂固，可直至上了大学我才真正明白记者的将来要干嘛，不过那时候我狂热迷恋上了写诗，巴不得跟同学说话都用七律。为了不让做记者的想法半途而废，我强迫自己报了新闻选修课，没想到这门课竟成了我在大学唯一补考的科目。

至今我没有任何宗教信仰，但在很多时候，都能明确感受到命运被一种未知的力量牵引着前行，比如入职云南信息报，中间过程省略3000字。还比如采访抗战老兵，最初的想法很简单，只打算尽一个记者的职责，将看到的事情传播出去，但是，回过头一看，命运已和抗战老兵紧密联系5年之久。

在这5年中，除了社会突发，我还跑过城管、出租车客运、交警、公安、部队、检察院，甚至有一年多时间负责每周两期的讣闻版，眼睛睁开想到就是死亡。工作的不确定性一度让我无所适从，好在我生性乐观，工作又相对自由，故而有机缘去关注抗战老兵这个特殊的群体。

大学之前，我喜欢看武侠、言情、科幻、诗歌、自传，唯独不喜欢历史。我的历史知识完全来自于教科书，我知道二战盟军，但不知道中国远征军；我知道红军、八路军、新四军、游击队，但我不知道滇军、川军、草鞋军；我知道发生在华北的百团大战，但不知道发生在家门口的滇西战役……

三

我身边的朋友大多如我一般，不关心宏大的历史，也无力改变不满的现状。但不管我愿不愿意，我还是认识了第一位抗战老兵李广钿。

无论胜者败者，都有他们的难言之处或者暗隐的痛点，在既定的历史叙述中，这些痛点成了历史的黑洞，探寻这些黑洞的秘密，一度成了我最兴奋的学习经历。

和日军一路征战直至缅甸的李广钿，一直想回云南宣威老家，我的朋友、女作家晓曙曾在深入金三角采访时见到过他，90岁的他在密支那伊洛瓦底江边卖火柴为生。

当他的战友李锡全在时任《瞭望东方周刊》记者孙春龙的呼吁求助下回到湖南后，李广钿也按耐不住回家的渴望收拾行囊，可刚入国门即被拦下。他不得不求助祖国唯一有联系的晓曙作家，而曾经做过记者的晓曙将老人的情况反馈给我，希望我能利用媒体身份给腾冲公安保证，让李广钿回家探亲，同时在媒体上呼吁热心读者帮助李广钿回家。

就这样，李广钿的故事出现在了《云南信息报》，就在同年，孙春龙发起“老兵回家”公益活动，因活动主要场地在云南，他找到《云南信息报》作为合作媒体，作为年轻记者我有幸参与了报道全程，自此以后我几乎参与他所有关爱抗战老兵的活动报道，并独立执行过一些“老兵回家”的活动，他和《新周刊》社长孙冕都是我敬佩的前辈，不管是新闻还是公益。在关爱抗战老兵这件事情，他们和所有志愿者一样，最初都有着常人难以理解的疯狂。

我自“老兵回家”开始讲述远征军老兵故事，有昆明读者看到后致电，说他们家也有远征军老兵。于是我认识了很多生活在昆明的远征军老兵，而后是滇军、川军、忠义救国军，甚至还有备受大家诟病的军统老兵，我现在统称他们为——抗战老兵。

四

感情是我最脆弱的环节，悲惨的人生故事最能打动我，我很想用它们去打动读者，这是一个文字记者最初的功利。不过当我慢慢走进这群“抗战老兵”的故事后，我才发现里面不仅有英雄过往，还有历史的大是大非。这样的发现让我更感无力，他们的个人命运只能展示战争的残酷，而无力去

代表作品 2

作品名称：老兵李昌枢的最后一天

刊载媒体：云南信息报

发表时间：2013 年 5 月 9 日

作品影响：在这篇讣闻报道里，现场细节和人物历史回溯没有被割裂开来，在这两者的密切交融中，主人公颠沛、曲折的个人命运在历史大背景中展露无遗，让读者在文字中体会记者对逝者的深切哀思。

A 2013年5月9日 星期四

12 特别报道

记者手记

认识李昌枢已经三年了，虚弱的他和蔼而慈祥，像个教了几十年书的乡村先生，而不是想象中见过大阵仗的英勇军人。只是在他一次次讲述着近乎宿命的一生苦难后，还依旧平静地告诉我说：“都是那个时代每一个中国人都应该做的事情。”什么叫胸怀？这就是。

在这些年的交谈中，对于当年的选择所导致的不幸没有一句追悔和抱怨。他知道自己来日不多，也知道我们的采访或者慕名而来的志愿者不是赶热闹，所以就趁着仅存生命的余晖，尽可能多地向我们讲述那段虽然局部，但是真实的历史。并且没有对自己遭遇的不公表达过任何抱怨，一句也没有。

我想这是因为他从心里确信，自己只是做了所有那个时代的中国人都该做的事情，爱自己的祖国。他是真爱，爱到没有丝毫扭捏，爱到他自己去世的这一天。

老兵李昌枢的最后一天

●老人撰写的墓志铭上写着：凡是参加抗日战争的都是抗战老兵，是光荣的

●本报送上的花圈挽联题字：抗日英雄 民族脊梁

昨日的砚山维摩镇街道上，除了百余名头戴白布的孝男孝女，还有八支演出队伍在晃悠歌舞，他们都是送别抗战老兵李昌枢的亲友团。在一位年逾六旬的大娘记忆里，除了解放前一个地主的葬礼如此热闹外，再也找不出第二家有此盛况的葬礼。

但在维摩漫漫长的岁月里，李昌枢只是作为一个模糊而空洞的符号存在，只被当做一个年轻时当过兵、坐过牢，老了独自生活在昆明的游子。而他本应有的“抗日英雄”身份，对于大多数维摩人来说，因为历史巨大的时间差，还是一个有待填补的空白。

讣闻

A 老兵在家的最后一夜

B 隆重的仪式和英雄无关

C 雨滴落在新立的墓碑上

代表作品 2

作品名称："荣光"特刊前言

刊载媒体：云南信息报

发表时间：2013年12月24日

作品影响：用沉稳的笔触向公众回答了云南信息报历时5个月的"老兵，你好！"公益活动所承载的意义，同时反思了战争对人性的深刻影响，点明除了这种客观的影响外，一些人为的历史劫难，让中国的二战老兵成为同盟国的异类。呼吁当下消弭这个隔阂，加快对抗战老兵的临终关怀，来共同完成一场民族的历史救赎。

评价其他。历史中的平民百姓或是将领士兵在大势面前都是那么的无力，被卷入不幸中后，没有一点余地。

为了佐证抗战老兵所讲述的故事，我恶补了很多关于二战的知识，这些知识来自于网络、书籍以及前辈们茶余饭后的闲谈，在我未知的领域，我一直是最忠实的听众，前辈们总是很诧异每次聚会我都能呆到最后。只要不太笨，看完一些书，再看看眼前苍老穷困的战争亲历者，马上就有感觉：噢，原来是这样啊。

战争并不是简单的"正义对邪恶"，我现在很少说"日本鬼子"、"小日本"类似的名词，如

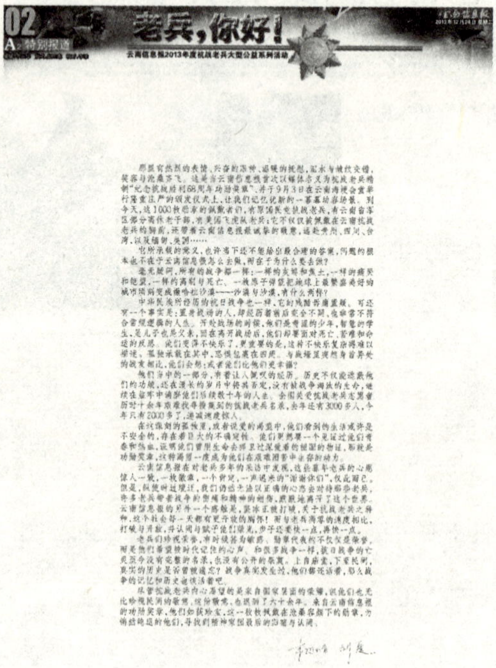
02
A 特别报道
老兵，你好！
云南信息报2013年度抗战老兵大型公益系列活动

果需要都用“日军”。交战双方都有暴行，都曾违背国际战争条例，我就采访过对地道内拒绝投降的日军投放毒气的远征军老兵。交战双方很多极优秀者，都在战场上死于非命，他们中大多还没到有女人的年龄。当我前往腾冲国殇墓园给一个个墓碑插下玫瑰花时，我甚至会产生一种荒谬的想法，觉得自己活在世上如此逍遥，真是件不公平的事。

五

在这些性格迥异的抗战老兵中，有一个叫吴鲁的老兵总是在每一个节假日给我电话问候，声音卑微得让我心疼。抗战爆发时，他正就读于云南大学法律系，和所有有志青年一样，这个天之骄子也义无返顾投笔从戎考入黄埔军校学习最先进的化学防毒，准备学成后以此来抗击残暴的日本侵略者。战火没有烧毁他的文学梦，他从一名防毒参谋成长为一名军事记者同时兼任新闻官。丰厚的稿酬让他有足够的物力去开办剧社，出版刊物，完成自己的文学梦想。

上世纪 50 年代初，吴鲁没能逃出大部分抗日国军的命运，他被捕入狱投入富源监狱服刑，直至 1975 年全国大赦才平反释放回家。在历史滚滚前行的车轮裹挟下，吴鲁完全无暇反思历史的是非，他只能检讨自己，认为一切不幸来源于自己的读书写作，于是从入狱开始封笔做起了木工。直至 90 岁生日，才重新提笔作诗一首，感叹人生蹉跎。

除了像吴鲁这样的才子，还有陈宝文，他家经营着昆明最大的酱菜园，当时驰名全国乃至东南亚的云南大头菜十有八九出自他家，算是标准的“富二代”。早在 1935 年，20 岁的陈宝文已经从黄埔军校炮科顺利毕业，回到了被视为“国之劲旅”的滇军。1937 年 8 月，在南京国防会议上，云南省主席龙云允诺出兵 20 万，支援全国抗战。陈宝文随滇军参加完两次长沙保卫战后，被调回中央军编入中国远征军，参加滇西抗战。在整个滇西抗战期间，陈宝文一直在远征军司令部任作战参谋，与美军顾问团接触最多，和窦恩准将共过事，能清楚描述窦恩准将的身高、体态，甚至中文名片的格式。

陈宝文脱下战袍后接手经营酱菜园，不过很快企业就被公私合营了，他从老板一下成了普通工人，妻子早逝后他靠拉板车养活子女。但就是这样一个被社会如敝屣般抛弃的老人，用他老去的生命翻译了大量美国陆军援华顾问团的资料，他知道这些资料换不了稿费，他拱手让给寻访到他的历史学者。陈老已辞世多年，但他小儿子一家多年来把我当成至交，作为最先将其父亲故事公之于众的回报。

在我曾有的历史认知中，像吴鲁、陈宝文这样的抗战老兵，一直是“凶恶的残兵败将”的形象，但在现实中，他们是那么的真实，更为英勇和无畏。历史的书写，常常是“胜者为王，败者为寇”，一将功成万骨枯，事实上，无论胜者败者，都有他们的难言之处或者暗隐的痛点，在既定的历史叙述中，这些痛点成了历史的黑洞，探寻这些黑洞的秘密，一度成了我最兴奋的学习经历。

很多时候，我难以拒绝这些耄耋老人对我的信任，只要接到关于他们的电话我总会放下手中的活第一时间赶过去，直至他们的葬礼。抗战老兵的故事并不是部门最受欢迎的故事，好在我的文笔还不错，尽量想方设法将他们的愿望镶嵌在字里行间，让更多的人了解。当然更多时候我和志愿者一道，默默做些志愿者工作，放弃想要报道的初衷。

六

直到2013年，这一切才开始改变。在这里我要特别感谢社会部总监高爽，他对抗战老兵有着让我诧异的热情，他不仅给昆明困难抗战老兵捐钱，还陪同我出席过多位抗战老兵的葬礼，我至今没问过他这种感情因何而来。在5年时间中，我生活圈子早已和这段历史的人和事有着千丝万缕的链接，他们成了我生活中的一部分，我无法抗拒。

高爽是个狮子座的东北男人，对于自由散漫惯了的我来说工作“亚历山大”，不过他下达的任务多半都是抗战老兵一直想要达成的愿望，我只有积极整合相关资源,让活动更加圆满。现在带有“云南信息报”字样的“勋章”不仅出现在云南抗战老兵的胸前，它还在贵州、成都、北京、台湾、缅甸、美国等近千位抗战老兵的胸前闪耀着荣光。策划新闻和指挥打仗其实是一样的，不管别人如何干扰、制造事端，优秀的将领总能带着士兵直奔目标。

当我得知荣获“年度记者”的称号时，我心中短暂狂欢后最先想到是我年轻的同事们，这些刚入职一年的新人，因为工作任务被突然拉进老兵活动报道组，不管是阳光大男孩慈亚圣还是敏捷的胖子王浩然以及一脸忧郁状的肖辉龙，他们对那段历史如5年前的我一样陌生，但却要投入和我此时同样多的感情来面对，我不知道他们怎么坚持，但当他们亲切的叫着“爷爷”去一遍遍走访时，我甚至有想哭的冲动。孙春龙由衷评价说：“这是一群有热情的年轻人。”

在纸媒愁云密布的当下，有热情是多么难能可贵的职业素养。一起入职的同事一个个离职了，有的去了别家单位，但更多的是离开了这个行业。我总觉得媒体前景不至于那么糟糕，关于这个问题，我曾经不止一次问过我的总编辑贾云勇先生，他的答案总是那招牌式的微笑，讳莫如深，然后给所有社会记者抛出一句名言："当你与魔鬼同行的时候，当心你也变成魔鬼，当你望着深渊，深渊也在回望着你。"

七

作为社会记者，我很庆幸这些年遇到的采访对象，除了抗战老兵，我还采访过很多身处绝境的求助者，总会有意想不到的爱心读者来回应我的报道，这让我收获了极强的存在感。我已经放弃要靠计件工资达到财务自由的梦想，只想在以后的职业生涯中，能多遇上几个自己欣赏、又欣赏自己的采访对象，我希望多讲讲他们的故事，然后成为朋友。记者这份工作，本该如此。

（作者系云南信息报记者）

围观
刘霞
3

小女人，恨天高

慈亚圣

霞姐获奖，我还能夹带点私货，幸甚。

霞姐、霞姨、霞年度……她到底叫啥？她是我的同事刘霞。

叫她霞姐是因为她在报社算是老记者，部门里的大姐了（别往中年妇女上想）。这个每天换着不同的漂亮服装，脚踩“恨天高”，脸打粉底，嘴涂口红的大姐怎么看都不像一个记者。要说她是娱乐记者吧，还可以理解。搞笑的是她所在的部门叫社会部，以各类突发、调查、社会类新闻题材为猎物。想想车祸现场如果出现霞姐的身影，就不禁为她的脚踝捏一把汗。

宜良山火，霞姐换上了平底鞋，在火场冲得满头黑灰。但稿件却还是精致得像是她平日示人的妆容，一言一句，一平一仄都像是曲靖她老家罗平的油菜花海，色泽明媚，光艳照人。

霞姐是部门里我认识最晚的一位同事了。来报社上班一周，霞姐大名如雷贯耳，但无缘得见。同事们说，她又去搞大稿去了，要不就在家看书呢。一句话让人顿感压力山大。直到入职半个月后才在走廊偶遇传说中的霞姐。

在云南信息报，霞姐以细腻的笔端、丰富的感情闻达于诸侯，尤以人物类报道见长。据说曾经社会部有讣闻硬性指标时，所有的讣闻基本都霞姐一个人包干了。霞姐虽然发稿量不大，但质量颇高。遗憾的是我一直没有与霞姐深度合作的机会，直到去年 8 月。

有一天，爽哥（社会部总监高爽）让我帮着霞姐一起做抗战老兵的报道。欣然接受后，我开始了与霞姐为期半年的并肩作战。在抗战老兵的报道上，我是十分钦佩霞姐的。她可以不计个人得失，不计时间成本地做关爱抗战老兵的事。说她是抗战老兵、抗战文化方面的记者，还不如说她更像是一位志愿者。正是霞姐 5 年来在抗战老兵与抗战文化方面的积累促成了“老兵，你好！”云南信息报 2013 年度抗战老兵大型公益系列活动。

在我们采访抗战老兵的时候，老人们因为年纪大，记性差，有时候可能见过面也忘记你是谁，你是哪个报社的记者。这时候只要你提起“刘霞”

@魏文青：一个女人可以如弱柳扶风病似西子，也可以若朝阳般明艳照人，抑或是时下流行的女汉子一夫当关万夫莫开。但我肯定，霞姐与以上三种都无关系。霞姐抬头挺胸地走在路上的时候，傲娇得一幅生人勿近的样子。实际上，她人缘好得出奇，上至各类微博大V，下至刚来的小萝莉实习生，全都搞得掂。记得老兵活动当天，霞姐叫来了不少奇人异士，和“奇形怪状”的人呼朋引伴，让人不得不感慨霞姐是女版令狐冲，黑白道通吃。霞姐本性善良，而她也像我所期许的那样，活得精彩纷呈。

的名字，老人们就喜笑颜开，明白了你是谁。

每当有抗战老兵不幸去世，她都尽可能地赶去参加追悼会，送老人最后一程。得知老兵李昌枢突然辞世，霞姐无比震惊，正赶往活动现场的她潸然泪下，全然不顾花了妆容。相识3年，她不能不去为老人送行，而《老兵李昌枢的最后一天》则是这一切的副产品。

9月3日的授勋仪式上，霞姐迎来送往，仿佛云南信息报的公关。对老兵，对嘉宾，对志愿者，对各方朋友她都很周到。

“老兵，你好！”最后的8个版特刊中，霞姐承担了最多的任务和最大的压力。她对抗战老兵多年来的爱和自己的感悟全部凝聚在1243字的开篇报道中。为了这篇文笔优美、充满张力的稿件，贾叔（云南信息报总编辑贾云勇）把02版都给她了。我坐在爽哥对面，感觉他对着这篇稿子难从下手，“这篇稿子我也写不出来”。

小女人，大勇气（你踩着恨天高就不小了）。去年我们一起到红河出差，出发前霞姐就面色苍白，状况很不好。但她还是强忍着上了车。到达目的地后，我们劝她还是去医院检查一下。“急性阑尾炎，最好马上手术。”没有哼哼唧唧的霞姐默默地接受了医生的建议，将那已经发炎化脓的阑尾留在了异乡。

我一直认为记者从人的属性上是分类的，如果从两个极端表述，一类记者属于智商极高，领悟能力超强的，他们一心钻研业务，但却乐在其中；有的记者则属于情商过人，与各类人马都能混成一团，获取有价值的信息。而霞姐恰恰属于后一类中的佼佼者（我没说你智商低）。做社会新闻，很多时候都是一锤子的买卖，采访对象中的大部分都是你职业生涯中的匆匆过客。但霞姐不同，很多采访对象都与她成为了朋友，甚至忘年交。在报社内同样如此。她与每位同事的关系都十分融洽，我几乎没有见到过她发火。

但在生活上，霞姐却又经常是个十足的“out woman”。她会为了不知怎么把一个重要文档带回家而发愁，当听说可以用email给自己发邮件时，她反而惊奇地说，“啊？还能这样？”我在一旁只能偷偷地笑。

（作者系云南信息报记者）

曹轲点评 关键词：链接

隔阂与消弭，割裂与打通，有赖于回溯从前，找到节点。能从一群抗战老兵个人的命运中，发现历史的黑洞，触及历史的痛点，进而实施历史的链接，完成历史的抢救与救赎。新闻人值得自豪的是，原来社会新闻还可以这样社会，这样历史。重新认识新闻价值，不妨从刘霞开始。

林珊珊

生于 1985，广东揭阳人。2011 年进入南方人物周刊。代表作有《少年杀母事件》、《九号院的年轻人》、《线人》等。爱好呆坐，厌恶格言。

我世界

故事

2013年度记者 入选理由

林珊珊2013年表现突出，高质量完成多篇重头稿件，其中封面报道《王岐山和他的朋友们》中的《九号院的年轻人》(与杜强合写，林珊珊为第一作者)，深度采访了多位重头人物，饱满地呈现了上世纪80年代引领中国农村改革的“中共中央农村政策研究室”的成就和整个团队的精神气质，将王岐山放置在历史的维度和氛围里，既生动，也有说服力，是《南方人物周刊》2013年最有影响稿件之一。

记者
感言
1

一

小时候我家门口是一条公路。每天，我都坐在家门口看人来人往，车流不息，总觉得公路通向一个硕大无比的世界，让人惊奇又向往。某个傍晚，长途客车打开车窗，头发蓬乱的女人伸出脑袋，茫然望一眼，打了个深深的哈欠。不知为什么，这画面记了20余年。似乎朦胧中获得旅人视角，有永恒变匆匆、熟悉成陌生的流离感。

晚上睡在二楼最靠近公路的、凸出来的小房间，听汽车从远处驶来，呼啸而过，多神秘。有段时间一躺下就热烈幻想未来，又觉得无常，因而每天祈祷，愿在第二天如常醒来。那时我6、7岁，刚从孩子的自我世界走出来，成天都在琢磨，墙有“我”吗，树有“我”吗，妈妈有“我”吗。如果万物有“我”，“我”也不过是偶然、会消逝，是沧海一粟，就连看电视时，也难免把对超人的自我投射挪到怪物或是被怪物踩死的人群上。

童年故事似乎已是传奇人生、成功人士的专利。可我只是想说，从童年的“我中心”走出后，对各式各样的“我”的兴趣就没有中止过。没想后来做了人物记者，时常坐长途汽车，蓬头垢脸对着窗外打一个深深的哈欠，在陌生的角落下车，和陌生的人聊他们的人生。有时聊得昏天暗地，回过头才觉得似乎越过界限，觉得沉甸甸，像丰收的满足。

两年前在广州，我住在同事狗老师家里，每次出差回来，总会没完没了讲述遇到的故事。我们热衷于自我暴露，相互剖析，时常聊到天亮，有一回建立了人性立体坐标轴，声称要把所有认识的人都装在里面。当然第三天就抛诸脑后，只是相互取乐的游戏罢了。不过这几年真是沉浸在他人的世界里。检察官的救赎与自我救赎、打工者如何度过十年、线人的灰色生活、香港黑社会老大的社会……有一年刚过完春节，作家洪峰被打，我背起包就跑到云南。采访得太晚又胃痛，干脆住到医院。夜里各自躺在病床，聊了整个通宵。没有采访提纲，沿着精神线索、生命尊严的体验漫谈下去，想来真是宝贵经历。采访县城里的少年拳击队时，和少女队员挤在一张小床上听她小声讲述自我，也很难忘。拳击手的热爱，小镇少年不自知的纯真都让人觉得美好。

采访各式人物，总能看到不一样的人生，体验丰富多彩的情感。每一个人逻辑构建、价值选择、内心镜像的形成、意志的运行、命与运的呼应构成了丰富多彩的“我世界”。人们如何自我认知，如何说服自己相信自己，如何处理本能和天性。置身于矛盾和冲突，人如何选择，如何重新发现自己，各自的驱动力是什么？每一次探询，即便只是浮光掠影，也有迷人之处。

同事小S老师就说，做人物记者实在奢侈，只要心诚一些，有人就会把他一辈子的故事讲给你听，事后还有工资可拿。这是他几年前说的，不知如今有没变化。我偶尔怨天尤人，怀疑意义，厌恶重复。但做人物记者这几年，确是我有过的最好的时光。

二

我又时常没心没肺分裂出去，看自己和他人挣扎。跌宕起伏的激昂和破灭中，漫天飞舞的泡沫中，仍对“真实”好奇，千百万个自我世界终究建成什么样的形状？英雄的梦散场，常人之心驻留，只是得过且过地想着，这又何尝不是记录的好时光。

第一次接触人物报道，是在2007年。那年我获得在南方人物周刊实习的机会。整个夏天吃苦耐劳，三个月后才有了独立写稿的尝试。记得是关于体育彩票标兵发现制度漏洞后空打几千万彩票随后被判刑的案件，惴惴不安交了四千多字后，编辑蒋志高老师说，2900万全部写成了2900块！我沮丧到极点，准备被骂一通，他却在MSN发来一行字，“摸到人物报道的边了”。我问，什么是核心？他回了两个字：人性。

误打误撞遇见了人物报道，有开了窍的感觉。不久后，傅小永老师离开广州，将他未完成的选题留给我。当我和蒋志高老师说起这少年杀母事件时，他说你要放开写，写出不一样的文本。我自然不知道什么是“不一样的”，但很快投入进去，几乎每天都往返于广州大学城和少年的城中村之间。

有一次蒋老师来城中村采访，可能是为了核实我的工作吧。到了吃饭时他说，你要写出牛逼的报道。我吃惊地说，我恐怕不行。他说，你行。怎么听着那么像励志故事呢，我至今都不知道他为什么比我还有信心。临写前他问我打算怎么写，我说以一天写一生，以烧烤之路的空间转移推动时间进展。他说行，念出一句话给我作为开头。后来居然就上了封面，获得大奖。

那一年年末，我参加人物周刊年会，感觉像是摸中彩票，非常恍惚。编辑曾繁旭老师说，对文艺青年来说，“文艺”总是使得人生更艰难，而我幸运地将之转为优势。我琢磨这“文艺”，说的是某种柔弱的情感吧。上大学时，我们想象的“社会”势利又残酷，那些柔弱的情感成天无所事事，甚至被告知不合时宜，需要改造。可在这工作中，爱瞎琢磨的那部分便理直气壮地释放了，释放的结果是开启了关于自我的探索。

大四暑假，我去七个省份采访乡村教师，随后就放弃工作读研究生，试图读书静修向内生长。有一段时间，我还记录起情绪变化和环境入侵情况，像在各个角落装了摄像头。没想到探究工程还挺艰苦，可后来又无意发现，通往内心深处是理解他人的捷径之一。

三

不知不觉从事人物报道已有5年。采访的乐趣很大，写作的焦虑不少，越来越觉得人物报道的不可能。人物如此驳杂，如何声称还原？2013年年初，我花了五六天赶出浦志强的封面报道，和3位实习生完成二十

代表作品 2

作品名称：九号院的年轻人

刊载媒体：南方人物周刊

发表时间：2013年8月26日

作品影响：风起云涌的八九十年代在今天看来都已成为历史，可我们分明看见它深深的投影，变革之路是如此坎坷而扭曲，那些当年的年轻人已人到中年，那份事业未尽的怅然也跃然纸上。丰富详尽的史实及跌宕起伏的人生和富有价值的思想遗存令本文具有了史料的价值。

代表
作品
2

作品名称：拯救“文革”博物馆

刊载媒体：南方人物周刊

发表时间：2013年6月17日

作品影响：北大公益传播奖给本文的致敬词如下：一个人，一件事，一段历史。纵横交错的线索，搭建了一个庞杂的叙事框架。作者有如历史蛛网上的蹒跚行进者，步步导览，将“文革”这一精神和历史漩涡中的卷入者，一一呈现，一一辨识。读毕犹如从窄门入，而有洞天之感。

拯救“文革”博物馆

多个外围采访，跟访浦志强两天半。写完不甚满意，在内部交流时说，外围采访不应只是信息提供者，还应成为打量主要人物的坐标轴。人物坐标轴往往能织出更细致扎实的时代纹理。

后来同事杜强发现了1980年代中央农村政策研究室（九号院）的年轻人，他兴奋地问，他们许多人已成当下中国中坚，为什么当年改革能得以启动？对当下有何启发？讨论过后，一直没找到合适传播时机。后来编辑白伟志老师策划王岐山选题，和我们商量时，我一下想起九号院来，通过人物群体的故事表达改革问题，以地理概念凝聚线索，也为单个人物报道增加层次感。白老师很兴奋，鼓励我沉下心拿出扎实报道。报道采访了近20人，整理录音40多小时，尽管还是不能达到理想效果，但多少弥补年初遗憾。

我原以为要“九号院的年轻人”开口会有难度，毕竟这个机构已是撤销三十年，没想到每个人讲起往事都很动情，还流露出纯真神态。看到翁永曦先生站起来为我庄重朗读杜润生一段话时，我心想结尾就是他了。报道刊出后，我收到一位受访者给我写的信，信纸印着“中央农村政策研究室”，心中涨满了感慨。

受访者很少将这机构称为农

研室，而代之以9号院。地理式的称呼总包含图腾意味，凝聚着人们的情感、精神和期盼永恒的愿景。采访时我就老想着被代称为289号院的南方报业，30年后人们将如何叙述它？

称为289号院的时候，它是和理想主义之类的词汇联系在一块的。这词汇如今使用起来有些困难，难免陷入情绪。就连不轻易激情也不轻易幻灭的自我要求，也不知是不是犬儒。可仔细想想，驱动力并没有消退。尽管这职业如今多少有些灰头土脸。媒体人失望离去，“改变中国”的豪迈一去不返；精神上也不够体面，亲戚朋友电话，都要问陈永洲怎么回事。周末和朋友吃午饭，他善意提醒，激情燃烧五六年就没了，还要面对生活呢。我想这生活，就是房子车子孩子吧，想起来自然是一抹黑。可我又时常没心没肺分裂出去，看自己和他人挣扎。跌宕起伏的激昂和破灭中，漫天飞舞的泡沫中，仍对“真实”好奇，千百万个自我世界终究建成什么样的形状？英雄的梦散场，常人之心驻留，只是得过且过地想着，这又何尝不是记录的好时光。

（作者系南方人物周刊记者）

代表作品 2

作品名称：小城拳击队

刊载媒体：南方人物周刊

发表时间：2013年4月22日

作品影响：西南一座小城里的拳击手，注定是个小众的题目，但不妨碍它成为绝佳的特稿题材。一个失意而倔犟的中年人，一群涉世未深的少年，在艰苦爆烈的拳击运动里堵上自己的命运，希望、失望，愉悦、惆怅，全都来得鲜活丰满。采访和写作成了带来满足感的事情，像观赏一株人生的盆景。

SPECIAL REPORT

小城拳击队

围观
珊珊
3

这姑娘爱上了马拉松

施雨华

与珊珊相识时间不能算短，却说不上有特别深的了解。索性借这个机会同她作了两次简短的访问，介于日常闲聊和工作探讨之间。

珊珊告诉我，她是 2007 年的夏天到杂志社来实习的，刚好在《南方人物周刊》创刊 3 年后。现在回过头来看，那几年的实习生水准相当之高，对新闻这个行当也比近几年的实习生更有热情。张欢、李乃清、郑廷鑫后来很快都成为了同事，赵佳月在外头转了一圈也回到这里。

实习生来了又去，一张张青春的面孔由陌生而熟悉又从熟悉回归陌生。和多数人一样，我注意到珊珊是在她写出《少年杀母事件》后。但这次我才知道她在杂志社实习的前半年，除了一个小稿件，把所有时间、精力都投入到了这篇报道里。老话这么说："伤其十指，不如断其一指。"可惜有太多人不明白或者没有在行动中践行这个原理。

不久，《少年杀母事件》获选《南方周末》2007 年度的"传媒致敬之特稿写作"。评语最后一句是，"我们对年轻的第一作者表示敬佩，她是一位实习生，也许，'有野心的年轻'正是新闻事业延展的基石。"

这算得上是一个小小的奇迹。一般说来，杂志社并不会把重要的稿件交给实习生去写。当时的编辑蒋志高却是一个勇于破戒的异类。或许这么说离事实并不太远：这篇报道的成功，至少有一半应当归功于他。而珊珊捕捉机会、专注投入的能力之强更令人吃惊，编辑的超常规信赖没有被辜负。这篇报道的风格和手法在同行当中并不是没有争议的，但对珊珊本人是一个脱胎换骨的经验却毫无疑义。

有一个如此之高的起点，接下来的突飞猛进似乎是可以预期的。然而珊珊又一次令我们意外。一年之后实习期结束，她放弃《南方人物周刊》的邀约，选择回到学校攻读研究生。当然，3 年之后，她还是回到了这个令人温暖而感怀的大家庭。

现在，做了两年半职业记者，珊珊却说她至今仍然不太习惯"职业操

@enclavetj（杨潇）：这短平快的时代，人人都寻找着自己的长尾，但杂志记者还（在所有领域）编织着那些细腻悠长可堪回味的长报道，假装世上还有一些伍尔夫说的“普通读者”。他们过时了吗？不妨看看我的同事林珊珊的《逃离的宿命》、《九号院的年轻人》、《小城拳击队》、《香港往事》，记录者自有尊严和荣耀。

作”。有些人拿到一个选题后立刻会有清晰的思路：哪些人需要采访，哪些人不需要采访，哪些人特别重要，哪些人价值不大……她不是这样。虽然采访经验越来越丰富，但她总是什么角度都尝试一下，不对一个选题很快下判断。她认为这是一种比较“保守”的办法，或者说她比较“贪心”，因为总是怀疑还有更好的角度。而她的确常常在采访过程中发现值得探寻的新主题，继而投入新一轮采访。

用她的话说，她不是在钓鱼，而是在撒网捞鱼。她倒想得挺透彻：“采访的人多，那是因为你没采到大人物嘛。采到大人物其实相对会好一点，没采到你当然就要花更多时间去做外围。你磨一磨，大多数人还是会给你一点时间来聊的。”一旦聊起来之后，常常会出现超出预想的内容。

在刚刚过去的2013年，珊珊有两篇报道广受好评。一篇是《九号院的年轻人》，一篇是《韶山冲的世俗与神圣》（刊出稿与原稿很不一样，这里说的当然是原稿），采访量之大都是异乎寻常的。她每天早晨7点起床，采到傍晚6点回住处。除了少量的记者，在韶山冲主要有两种人，一是当地人，一是游客。

她的操作方法是：“我每天都坐在那边蹲点。我不是不挑人的。如果我跟他眼神交流一下觉得眼神毫无光彩，或者有些人语言没法沟通那就放过了嘛。有些人我发现他有特点就会跟他去聊。如果我估计自己要写到他，就会跟他说我是个记者，可能会写到这段谈话。”可以想象，做那样的采访有重复、枯燥、乏味的一面。但她硬是一下子就做了18天。

珊珊说她其实并不相信一个采访真的可以深入人的内心，但在努力的程度上她是“没有上限的”，“只要截稿期还没到，我会一直做下去。”不会感到厌倦吗？“会。但是痛苦也会做下去的。”多数时候她会阅读几乎所有的相关报道。她没给自己留多少时间“休闲”。

有时她也会抱怨，会宣称自己不想干了，问题是一方面其他事对她没有吸引力，一方面她有一种“讨厌的责任心”。例如她不太会给人挑礼物，但她会花一整天时间淘宝，尽可能找到对方可能会喜欢的物件——也就是说即便自己不擅长的事，她也会力求做好。

“我有时候甚至分不清是兴趣，还是说交给我了我就要去把它做好。”其中当然有好胜心，但更重要的是，她常常对自己不满意。别人的好评一定程度上能缓解她这种自我怀疑，但归根结底，有没有做好一件事要看与自己内心的标准有多少距离。此外她的执行力也会因为牵涉对象的不同而有弹性。“需要对他人负责的时候我的执行力是很强的，只需要对自己负责的时候就没那么强了。”

其实在我印象中，珊珊是一个羞怯的人，甚至还有些笨拙。我说不好，只是觉得这羞怯和笨拙里，已蕴含着解读她的独特美好的密码。她要是知道我这么说她，或许会手足无措。她常常对自己的美好不够自信，常常以自嘲回应别人的赞美。我想，其中一个原因是，她对自己的要求比别人更高。大多数人只是把记者当作职业，她某种程度上把它当作事业；大多数人选择 100 米、200 米的旅程，而她一不小心爱上了马拉松。

（作者系南方人物周刊主笔）

曹轲点评 关键词：故事

记录社会、记录历史的方式多种多样，大众传媒的大量报道只有从事到事的描述，是似曾相识的事件、事故，而非故事。最大的缺憾在于人物缺位，乃至人性缺失。厌恶重复、厌恶格言的林珊珊，用千锤百炼的老故事、慢故事，徐徐展开了日常新闻难以抵达的新世界、新境界。

林旭娜

2006年入职南方报业，头3年跑时政，后4年专司对外报道，间或上要闻夜班，在采、编之间游弋，三种职业体验都能点燃激情。好读书不求甚解，外表轻，口味重。没想到会当选年度记者，因为习惯默默无闻。凡是深刻和死文艺的东西都爱一点，希望以后的人生简单质朴，好时光比新闻节奏慢些，再慢些。

肉牛快跑

设置

2013年度记者 入选理由

林旭娜操作新闻的方式更接近中长跑的特点，在轻的、平静、寡淡的领域里日复一日悄悄沉潜，等时光成熟了，自然会有收获。从广东侨乡农村里挖掘出“洋留守”，在山村私塾里寻访到归国支教十年的廖老师，到梅州候访到阔别故国70余年的远征军老兵杨剑达，发出侨批档案“申遗”成功第一个消息和深度报道……这一切都不是偶然的。除了专业的新闻训练，其中更值得肯定的是她的用心和独具慧眼。没有“线”，就化点为面，拓成空间；对外报道国内看不到，就找到好题材，让新闻自己说话。正是这一特点，成就了她的中国新闻奖一等奖。可以说，三年连获三次中国新闻奖、六次广东新闻奖是对这位默然坚守者的肯定。

记者感言 1

看过一则新闻，特别有意思。一只 6 岁大的德国肉牛“伊芳”，由于不想成为舌尖上的牛排，冲破农场 4000 伏特高压电的围篱，独自亡命天涯。

王小波很早就发现，人的特性是热爱对生活进行各种各样的设置，最终的结果是，不光设置了你存在的世界，也设置了自己。这样的安排无疑带来痛苦不堪的结果。

所以我狠狠地爱那只拒绝成为一块肉扒而挣脱了高压电围篱逃跑的德国肉牛伊芳。

《生活在别处》中，米兰·昆德拉对“逃跑”有着精辟的论述：“在每个诗人的生活中都会有这样的时刻，他挣脱了他的母亲，开始逃跑……一边逃跑一边写诗。”在这里，“母亲”意味着那些曾经滋养了我们，并无时无刻拉扯、束缚我们的生活。

在我们短暂而漫长的一生中，在我们渴望有趣却生而沉重的职业上，多少人立志摆脱那些带来安全感的庸常，注定失败却并不多余地致力于甩离时代强加的枷锁和媚态，挣扎着逃往那个不存在的与时代平行的瞭望台？现实中，记者经常会囿于经验在内的各种因素，而成为设置自己、设置新闻的可耻者。

警惕僵化，也就成了我面对职业时最常咀嚼的重点。将这种新闻人职业身份的特殊性，隐喻成“肉牛”的先天限制，即成为牛扒的命运，从一开始就不由得你选择。然而，积极跳出某种定势和束缚，仍然是非常必要的。其困难之处，主要在理念上，体现在细微处，需要通过我们的努力和自觉解决。

从这个意义上说，我非常愿意做一只不断逃跑的肉牛，既从自己的内心世界，也从新闻操作上，拒绝成为一块牛扒。

一

《盗梦空间》告诉我们，一个小小的意识，在我们大脑中产生的能量，可以超出人类对自己的想象。一头牛对外面的好奇，诱使它越过 4000 伏高压的电墙。好奇心是创造力的源头，活力的引信，是“逃跑”的前奏。

陈丹青说过一段让人沮丧的话，中国人的心智衰老得比较快，其中一点体现于好奇心的丧失和探险精神的沉没，不少中国人，三十岁就说自己老了，四十岁可以抬出去埋了，那种被深深欺负的沦陷感和不曾反抗过的沧桑感，与美国人长着一张不曾被欺负过的脸，有很大的不同。

显然，精神上的老态和价值观的陈旧，对于我们这些生活密度大、穿越性极强的新闻人而言，消极影响会更加严峻。

也许打心里觉得，做记者，千万不要以为一副少年老成的样子就好，最恐怖的是，你外表还青春稚嫩，内心却过早老道和以为看破，自此啥也引不起你的激动和生趣。

保持旺盛的好奇心，甚至刻意为之的好奇心，对新闻人而言是生死攸关的。很多好的文章，往往源于最开始一闪灵的好奇。

在对话和记录的过程中，我突然发现自己所做的有了不一样的庄重感，接着想起了少年时代之所以想成为记者的原因，那就是走进不同的人生、体味别人的体味、记录不为人知的片段，好知道人生究竟是什么东西。

初心还能养颜，所以万幸，作为大龄女记者一枚，自信自己仍然青春可人。

不过我更愿意将好奇心的作用作为常态来讨论，它可以不断点亮原本平淡无奇的日常报道，这些年来，其实我都有意识地训练自己以更新的视角去看待生活，看待各种题材，而这应该是一个记者最应该具备的能力之一，跨越这道限制线，任何无聊的活，都可能跑出生动新闻。

工作 7 年多之后，回过头来看，我也发现对新闻操作而言，有意识的“越轨”在所有方法论中是最有意义的。其实，是不是记者这种身份本身是次要的，当我们面对事物时，是否有强健的内心活力和好奇心，是否有超越平庸、拒绝应付的决心，才重要。

未知本身是最大的魔力，不管那一头是不是有更美的风景，“跳出去”，决定我的下一秒更有意义。

二

我是个表面挺无趣的人，但我觉得自己还蛮知趣的。

我认识许多好记者，有一些非常有趣，像曹小斯，每天在微信上编的冷笑话绝对冷绝对好笑；也有一些咋一接触像石头一样正经严肃油盐不进的，如张由琼。记者有各种各样的个人风格，这一点，我觉得对职业的影响是次要的。发掘趣味，展现现象背后的张力才是最重要的。而这，也会成为那些形形色色的优秀记者们的共同点。

比如说特立独行这个词，你以为必定极致张扬，唐朝人孔颖达却告诉我们，“世治不轻，世乱不沮，同弗与，异弗非也。其特立独行有如此者”。不过是让我们警惕随波逐流。

从这个道理上讲，我更加欣赏那些内心不安分、不轻易服从，对整个社会绝大多数人已习惯的不正常空气有着生理性敏感和警觉，坚守自我价值判断，靠良心和智慧踏踏实实活着的人。

在我们这个浮躁时代，这是真正的特立独行者。社会需要积聚这样平凡、低调的正气。

每个人的内心都向往好，抗拒不好，怎么和善恶共生的世界打交道，有的人有意识有的人无意识但都趋于扬善抑恶。所以，身份在个人行为中，并非决定性因素。

代表作品 2

作品名称：广东十六万件侨批入选世界记忆名录 跨国两地书镌刻侨史记忆

刊载媒体：南方日报

发表时间：2013年6月21日

作品影响：在“侨批档案”申请入选国家、亚太、世界记忆名录的“三级跳”过程中，林旭娜追踪了4年终得善果。这既是对“申遗”本身的推动，也是对外传播本身的价值所在。

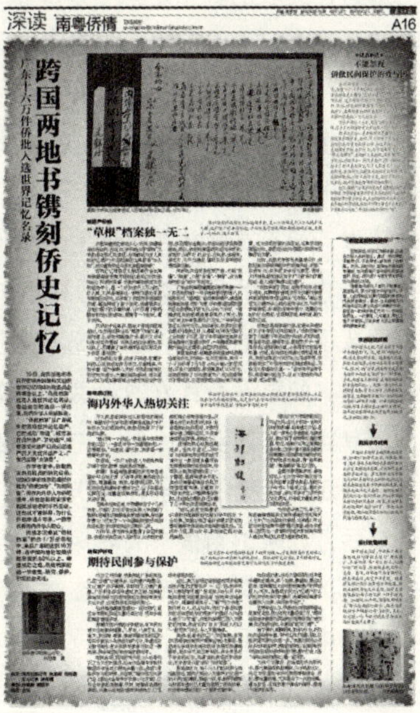
深读 南粤侨情 A16

跨国两地书镌刻侨史记忆

广东十六万件侨批入选世界记忆名录

“草根”档案独一无二

海内外华人热切关注

期待民间参与保护

很多时候，包括记者在内，很多相关利益者愿意在适当的时候跳出樊篱，因为他们既是体制的一部分，同时也是活生生的人。而媒体人，应该去寻找这种可能性，而非敌视这种可能性。

2009年秋天，我还在做调查记者。当时收到一封匿名信，信里列举了详尽的资料，举报遂溪县城教师严重超编，而乡村教师缺口巨大，教育局因此让县城的教师大下乡，八成超编教师都需要轮流到乡镇和村里支教。

因为选拔过程出现不公平，最终有“关系”的人仍旧留在城里，没“关系”的老师则要一次又一次到乡下学校支教，有的双职工教师夫妇同时在不同乡镇支教，补贴又少，影响了教师的正常生活，一些家庭因此出现出轨、离婚的现象。

此后，城里教师闻支教色变，很多人无心教学，乡村学校则出现了宁可要村里代课教师，不要城里支教教师现象。

举报人在新浪网专门开了博客，还在广东民声热线和其他几个大网站上发了几个帖子，但一直石沉大海无人问津。通过QQ联系上后，他并不敢对我表明身份，只说是当地教育系统的人，看不惯支教乱象层出不穷。他透露，支教的真相是为了解决超编，此前10来年，乡村教师拼命挤进县城及周边地区，有的学校甚至超编几倍以上，而有的乡镇教师缺口超过100人，担心长此以往害了孩子。

他主动提供了10多个支教老师的电话、教育局长的联系方式和支教教师输出、接收学校的地址等资料。联系上的教师一开始都十分激动地大吐苦水，却不愿意我在稿件里透露他半点个人信息。

令我意外的是，遂溪县教育局长还算痛快地接受了采访，坦陈了困境，也承认了存在的乱象。教育局人事股股长也接受了采访，提供了很多支撑性数据。如果没有官方的观点，这篇调查稿子很难站得住脚。

其实，回过头看，采访中遇到官员主动配合的例子还不少，例如有一次写珠江水污染的稿子，肇庆从前一年的水考第二名跌到最后一名，实地调查后，我采访到该市的环保局副局长，他也从专业角度提供了较为真诚的答案，也没有要求审稿。在做这个题的过程中，肇庆市某县相熟的新闻秘书暗中帮了我的大忙，除了提供诸多联系方式，还说：“省级媒体监督地方，他们就应该配合！”

此刻，年终岁末，我坐在办公桌前背对着满是阳光的落地窗写稿，对面的墙上贴满了朋友们从世界各地寄来的明信片。我想起前几天午饭后，提着几个地漏给装修工人送去，脑海流泻而出的却是：我提着一袋别处需要的东西，在阳光下慢慢走。

也许记者这个职业，就像我坐着的这个地方，前面有水泥墙，后边是玻璃墙，然而，水泥墙上是世界，玻璃墙外有阳光，我们的眼光和胸怀，自当超越这些墙。

三

坦然地说，我曾为自己的处境迷茫过，边缘的题材（对外报道绝不可能轰轰烈烈），另类的发行方式（我的稿子你很难见到），现实的难题（无线、无固定领域），多谢同事们，尤其是和我一起奋战在海外版采访线上的同学们和南方日报时政部侨务线的同事，毫不夸张地说，没有他们的无私关爱、帮助、支持，我不可能出这么多稿子。

我所写的新闻中人，往往不是已经随风而逝，就是风烛残年，他们困苦甚至悲剧的一生，伴随着丰富的弹性和张力，隐藏在众多喧哗的主流大事、明星大腕和丑闻揭黑新闻中，默默无闻，并不十分受媒体眷顾，也正是这寂寞留给我们最大的可能。

挖掘这些已经没有多少人关注和重视的人和往事——他们恰恰非常符合我负责采写的海外版选题，既事关涉外群体，又深扎广东土壤，既是曾经的国际性话题，又在时光中被遗忘，适合做深度报道。

代表作品 2

作品名称：“走读南洋”系列报道

刊载媒体：南方日报

发表时间：2013年5月8日、5月14日、5月20日

作品影响：美国《侨报》、《加拿大商报》、《星暹日报》、《美中导报》、《星岛日报》全球版对这批文章进行连续登载，广受好评。

深读 INSIDE 南方调查 A13

挥洒赤子情 扛起救国『生命线』

砂拉越近百岁壮士细述南侨机工故事

滇缅公路冒死独行

一滴汽油一滴血

全球健在机工仅15人 学者呼吁抢救性保护

珠三角自梳女、三水红头巾、远征军老兵、南侨机工、“山乡好人”廖乐年等等，当通过尚在人世的少数个体，一步步走近近百年前的沧桑，我时常被历史的无情和人性的力量所震撼。

遗憾的是，这些平均年龄百岁左右的老人，留给我们的时间不多了。每当面对这样的题材，我都感到心慌，再不记录下来，很快就没有机会。但采访过程中，他们那丰富的人生经历和迥于常人的选择，又常让我忘记是在采访，这些普通人因为年轻时某种信念，付出了一辈子的代价，却轻盈、超脱，毫无怨艾。

我想，这是因为他们打内心里理解自己。换言之，再来一次，一定还是这种选择。他们并不如外界揣测的那样，多么需要补偿和关注，需要的是尊重和理解。

一种选择有一种人世，难道这个世界上有什么武功，你修炼成功了，就保你一辈子开心幸福，高枕无忧？有快乐，也有痛苦，有无奈，才是真实存在，最重要的是，没有抛弃自己最喜欢、最坚持的东西，忘记最朴实的欢乐。

在对话和记录的过程中，我突然发现自己所做的有了不一样的庄重感，接着想起了少年时代之所以想成为记者的原因，那就是走进不同的人生、体味别人的体味、记录不为人知的片段，好知道人生究竟是什么东西。而现在经营着的题材，大多数完全符合这种要求，他们比很多热热闹闹的新闻更有价值。这种笃定给予我的不再是空气感，而是存在感。

是的，正如米兰·昆德拉描述的那样，演员就是从小便自愿在不相识的公众面前展示自己的人。这根本性的自愿与天赋无涉，是比天赋更为深刻的东西，少了它，就不可能成为演员。同样，医生是那些无论发生了什么，都愿意终身照料人类身体的人。这根本的自愿（而不是天赋或灵巧性）使医生成为医生。

记者，也是如此。

此刻，我比往常任何时候相信，内心深处对自己设置的圈圈，比别人划定的圈圈，对我们的生命而言其实更加致命。也许真能跳出来了，才可避免成为可怜的牛扒。至于能不能做到，我觉得这取决于人们对那些最基本价值的判断有没有勇气、有没有信心。

（作者系南方日报记者）

围观
旭娜
3

娜姐不是HELLO KITTY

周煦钊

娜姐!

是的，娜姐。大约 1/2 的情况下，我会这样称呼她，虽然我比她还虚长几年。记得南都体育版曾经出过一条标题，《娜姐不是 HELLO KITTY》，标题里的“娜姐”是打网球的悍将李娜。“娜姐”被我用上了台面，以示我对她的钦佩——顺便透露一下，娜姐是猫科的，但真不是小猫。

2013 年 12 月 23 日，她在微信上发了一首小诗——

干将铸的神剑

在盒里等了一千年

只好成精

“我以为会有一个人来取走这把剑，

现在我成了人，应该去哪儿找我的剑呢？”

看上去白皙柔弱的女子，只言片语常凝聚如此金石铿锵之气，让我等男子也汗颜了。

娜姐一直在寻找她那把剑。

但现实是，娜姐操作的题材大多看上去只能是温柔的。定位所在，南方日报海外版的选题更多时候讲人味、海味、文化味，娜姐说，承载人类记忆的小人物、事件类调查性报道是目前的兴趣和重点所在，但我猜，把自己架在火上烤，做舆论监督等刚硬题材她会觉得更过瘾。

对一个新闻科班出身，想做好新闻的年轻人来说，如果你所写的大多数报道国内读者、同行都不大有机会读到，也算是一种挺闷的现实吧。而且对外传播有自己的规律，不是想做猛料就能猛得起来。

所以娜姐说，要做“逃跑的记者”——不是逃离，而是面对现实的同时有意识地去挣脱开自己思维里既定的框框，把软新闻做硬，硬新闻做软，好题材还不能浪费，要同时在主报推出。

记得第一次和她搭档出差是去珠海，在故迹难寻、人烟难觅的乡间，

@王长庚：林旭娜是一个“无线记者”。无线可跑，却能“化无线为有线”，不仅一年365天喂饱了海外版的原创版面，重大报道还“一炮双响”，为南方日报深读版块供稿。林旭娜是一个“文字有温度”的记者。她关注“洋留守儿童”、远征军老兵、侨捐安全、侨房维权等“冷”新闻，用真心做体温计，用温情做画笔，勾勒弱势群体和底层百姓的速写或群像，带有体温的文字为她出奇制胜，终获肯定。

我们硬是挖了三个版的深度，颇有点像螺蛳壳里做道场。娜姐一路打着电话，一路冲杀了进去；又一路拍照，一路提问冲杀了出来。

怎么说呢？即使按肉的比例，糯米鸡叫“鸡”确实有点勉强，海外版的稿子，肯定没有同事轰出来的“房爷”“坟爷”那么有火力。但即使是软稿子，仍要举起写调查的大刃。从2010年开始有海外版以来，她操刀的第一篇稿起这么做，到现在南方日报海外版的这一模式已经相当成熟。2011年，娜姐写了篇论文，将之总结为南方式“调查性对外报道”。

和娜姐搭档采访的第二次，是到梅州采访从缅甸归国探亲的抗日远征军老兵杨剑达。离家70载的90岁老人乡音不改，和我们聊了一下午。这是南方日报主报和海外版首次将镜头和笔触对准远征军这一群体，一经见报影响广泛，也成就了海外版第一个中国新闻奖一等奖。令人唏嘘的是，杨剑达老人在回缅甸后一个月就与世长辞。

在海外版的这些年，娜姐以调查的笔法写过《广东洋留守的地球村生活》、《450亿侨捐安全考验广东智慧》、《新会三千义冢苦等保护方案》，写过归国驻守山村十年教英语的廖乐年，写过在新加坡做苦力的三水红头巾，写过抛弃安逸家园归国效命的南洋机工，螺蛳壳里做道场，做到了。

娜姐找到她那把剑没有？作为旁观者，不得而知。

我知道的是，不在路上的时候，她有时会貌似痴呆地坐在电脑前等待爆发，然后用一瞬间的功夫完成5000字的铺排；有时会在朋友圈里发布她的#娜豆浆#、#娜厨房#，让朋友们知道她还在红尘之中徘徊；有时会用手边抓到的什么笔，在A4纸上画个花鸟林泉送邻座。

偶尔，她也会分享她的故事：“我小时候也学过潮绣的。”

“娜娜，油菜啊！”

（作者系南方日报编辑）

围观
旭娜
3

做一个认真的人

郑佳欣

认识娜姐好多年，从同窗共读、一起捣鼓学生报，到一起成为 289 号大院里的年轻人，见惯了林妹妹数十年如一日的瘦削身材。第一次见娜姐时，颇有些相见恨晚，终于找到与我一样瘦骨临风的同道中人了。瘦而不弱，瘦而且强，娜姐虽然看起来随时会在秋风里飘荡，但是却有着女汉子一样强大而强悍的内心，瘦削的骨头如一堆干柴，骨血里才气充盈，一点火星迸发便能燃起熊熊烈火。

娜姐心中有猛虎。她曾有以网名风萧萧、风不萧行走江湖多年，如果生在古代，身手矫健的她可能会做一个侠客，事了拂衣去，深藏功与名。活在当下，成为一名铁肩担泥砖，重手写鸡汤的新闻民工，成全了娜姐胸中怀抱多年的侠客梦。

娜姐身上有很多美好而让人佩服的特质，除了瘦，还有数十年如一日的认真。

认真干活。善写大稿，善挖猛料，善折腾，娜姐堪称新闻民工中的战斗机，总是孜孜不倦地冲锋在第一线。最初时，娜姐蜗居报社后面某栋民房，每天沿着一条生活气息激荡但略混杂不安的小路走到 289 号大院。浸润着基层草莽气息、浮生智慧的人物，在生活的铜炉里修炼肉身，不断修行，才能初结金丹。从获得中国新闻奖一等奖的《远征军老兵杨剑达　回家的路走了 70 年》，到廖乐年系列报道，娜姐总能在无声处听惊雷，从被遗忘的角落里端出热腾腾的大稿。

认真读书。娜姐读书识字，不断进步，努力成为一个高尚的人，一个有道德的人，一个脱离了低级趣味的人。这一年，她读《悉达多》，读《蒋介石与现代中国》，读米兰·昆德拉，读索尔仁尼琴，读东野圭吾，读金庸，读赫敏为什么不能嫁给哈利……各种高大上，各种白富美，令吾辈羞愧汗颜。她读完马尔克斯的《一桩事先张扬的凶杀案》后，会作出“看前记者马尔克斯如何高超叙述命运及人性的无常和不可叙述”的注解，在广州小清新圣地——方所泡了一天后会发出“除了没有男朋友，人生很完满”的一声叹息。

认真生活。爱写字，爱画画，爱电影，爱徒步，爱生活，娜姐不是旗手，是一枚标准的文艺女青年。娜姐有个梦想，要走遍祖国所有最经典的徒步线路，于是，她听过阿里高原上的猎猎风声，看过喀纳斯的冷冷秋雨，拍过白哈巴凝固的晨雾。娜姐的下一段旅途在路上。

某天开始，娜姐决定练毛笔字，我以为她只是玩玩而已，这姑娘却煞有介事地许下诺言，哪日练成一代宗师免费送我一幅大字，挂在书房，蓬荜生辉。又有段时间，娜姐每天自制豆浆，有番茄豆浆、杏仁豆浆、枸杞豆浆、红豆豆浆，各种小清新、重口味魔幻混搭，还不忘垃圾回收，豆渣敷脸，豆渣做饼，看得我五体投地，黑暗料理界又一颗新星冉冉升起。每日一豆浆，寻常滋味。娜姐如得道高僧般缓缓道来：“生活就像一碗杂粮，别像后娘一样逼自己把每一粒都挑择出来。”深以为然。

认真不较真，做事也做人，就这样吧。

（作者系南方日报记者）

曹轲点评 关键词：设置

设置话题、设置世界、设置自己，这里的设置不是盲目的认同、盲目的自信。从被动设置到主动设置，从反思设置到超越设置，这里的设置不是一味地设限，一味地逃跑。保持逃跑的姿势逃而不离，保持内在的张力张而不扬，林旭娜以强大的定力，确保设置平衡而张力饱满。

李冬梅

李冬梅，常用笔名drunkdoggy，小说作者，书评人，出版社编辑，南京大学比较文学博士，研究方向为叙事学、当代美国文学。现为《城市画报》驻京记者、编辑。为学习如何将双脚放在地上而选择做记者，热爱至今。爱音乐、爱运动、爱写作、爱哲学、爱阅读。有时冰山，有时火海。人生格言近年来锁定为《尤利西斯》中的“走遍现实，方成为自我本身。”

一个迟到记者的学习岁月

行走

2013年度记者 入选理由

李冬梅入职入行都不算长，但她在城画树立了一个新的标杆，成为一些年轻同事的“偶像”。李冬梅文字了得，这自不在话下。更难得的是，她视野开阔，思维活跃，不断挑战各种跨界题材。2013年，她以惊人的爆发力，完成了若干重大选题的策划、采写和编辑。其创作质量及数量，几乎无人能及。

记者
感言
1

我有个ID比自己的本名辨识度高一点：drunkdoggy。我的朋友和同事们都叫我醉狗。醉狗曾经是个写小说的，曾经是个书评人，而李冬梅是个面目模糊的女博士，混迹于学术论坛的女学究，十几本书的女编辑，《城市画报》曾驻上海和北京站的女采编，一个一度不知道自己立于何处、有何价值的刚出道的缓慢爬行的非典型性记者。来到怪青年云集的城画，她心怀忐忑。

“快说说你的博士论文题目，让我们开心一下”

2012年3月12日，我拖着行李箱从曼谷飞到广州，开始熬夜为《城市画报》、我未来的东家写稿。

我把自己定义为“最不城画的城画人”。不怪，不有趣，甚至还有社交恐惧症，况且还是个在赶稿和写毕业论文中无比纠结的“女博士”。

此外，要把自己放低，从零开始，坦然承认自己完全不会做记者，也需要一番自我缠斗。

其次，我不知道自己对这份杂志有什么用。“给你一个平台，让你做任何你想做的事。”我是被当时的执行副主编刘琼雄用这句话诱骗来的。那时候，我和朋友自发做了一个社会调查，写了一篇叫做《燕子矶：异形地方志》的非虚构作品，被《城市画报》的编辑陈蕾姐姐截获，反响不错。但来广州之后我做的第一个采访就被她劈头大骂。更重要的是，我发现自己淹留广州的两个月内，竟然找不到任何自己想做的事。我根本找不到世界的入口。

然后是一种严重的恍惚感。“我就这样从一个学术新秀和短篇小说新秀变成一个书写年轻人生活方式的大龄女记者了吗？”当时的执行主编黎文请我吃饭，让我说说自己的博士论文题目，暗自憋笑，分明是拿我当怪咖，就差加一句：“快说，让我们开心一下”。

我的博士论文研究的是美国当代作家托马斯·品钦的《万有引力之虹》的空间书写。一部天书。我一边写论文破译宇宙密码，一边从广州到东莞做了8回跟踪采访，采访对象是一对打泰拳的年轻情侣，创业开了家服装连锁店。那时候，直到采访结束，写稿结束，我都不能完全想通做这个采访的point在哪里。

既然下定决心走到世界上去，就处处都是路才对。虽然“到世界上去”，只是一个模糊而辽阔的答案，一个模糊而辽阔的范畴。虚构文学、哲学思想、理论学说，都是到世界上去过的人带给我们的，无论如何，在被象牙塔禁锢为一根象牙之前，我得亲自到世界上去看看。

我相信，在宣扬精英主义和消费主义的媒体所揭示的世界之外，一定还有另一重被忽略了的世界，另外一种揭示世界的书写。只要坚持下去，一定可以等到“在这个平台上做任何我想做的事”的那一天。

我相信，在宣扬精英主义和消费主义的媒体所揭示的世界之外，一定还有另一重被忽略了的世界，另外一种揭示世界的书写。只要坚持下去，一定可以等到“在这个平台上做任何我想做的事”的那一天。

2013：
迟到记者的学习岁月

按照最经济的原则，我本应是个人物专访和文化记者。但我和领导们都希望从A点到B点走稍远的路。

混混沌沌做了几个月驻上海站记者后，我的2013年“学习岁月”是从一次机场事件开始的。春运某日，延误N小时后，我乘坐的廉价航空在飞至目的城市的路上，因大雾而折回。已是半夜，航空公司宣布让乘客就地解散，不打算负任何责任。我开始查航空法、航空公司条例，咨询前来的警察，发现法律和条例根本无法对这一不负责任的行为进行制约。于是，一系列夹杂着闹剧、伦理剧情的抗争和扯皮开始了。一片芜杂中，人群筛选出一个由青年组成的“维权自组织”。几个中年人开始破坏秩序，并制造矛盾，频频欲对警察和姗姗来迟的工作人员、机场站长施暴。“我们的乘客里有记者吗？”有人呼喊着。我如芒在背，最终没有应声。

我只想最快地解决问题，用最聪明的办法。彼时彼境，一个“记者”的出现并不见得能起到这样的作用。除此之外，还有一个原因：我不知道自己算不算他们所召唤的“那种记者”。我选择了维护秩序，避免更多扯皮和暴力行为。

也许是那班飞机的乘客身份构成的原因，由几个年轻人组成的“维权自组织”最终解决了问题。次日，我们乘坐最早的一班飞机到达目的城市。那时候我想，青年的力量多么重要，在上层设计不完善的情况下，来自底层的自组织、用社会创新解决社会问题，是多么重要，而现实，又是多么参差，多么难以言传。

我想做个聪明、有效的问题解决者，也在世界上寻找他们。2013年春节刚过，我飞往印度南部钦奈，去探访一座维系了半个世纪之久的乌托邦、地球村。我想看

代表作品 2

作品名称：迷惘青年下乡记

刊载媒体：城市画报

发表时间：2013年7月28日

作品影响：如同纸上纪录片，还原支教公益行动者人性层面上的真实，和理想与现实接壤时的各种撞击，暴露问题，也刻写难以言传之情之事。体现了《城市画报》这份杂志的核心价值。

迷惘青年下乡记

代表作品 2

作品名称：乌托邦 2.0：人类理想生存方式调查

刊载媒体：城市画报

发表时间：2013 年 4 月 28 日

作品影响：1968 年的欧洲嬉皮士和理想主义知识青年，一路南下，至印度南部小镇，偏居一隅，建造世界村与乌托邦。对乌托邦的书写，不猎奇，以《城市画报》独有的视角，展现人类理想生存方式的可能性，深入浅出，举重若轻。

看这个奇特的自组织是如何有效、聪明地解决芜杂的问题，维持运作的。

“我来自中国的一本杂志，我们杂志是讲故事的，讲的是现代中国年轻人如何解放自己的故事。”在乌托邦 Auroville，我这样一次次对居民们说。于是他们欣然对我讲起了自己的故事。

作为中国人，我本对乌托邦心存天然的怀疑，放不下“乌托邦的不可能”的前理解。但那个乌托邦说服了我。那些天，我天没亮就起床，骑车走在狭窄的红土蜿蜒路上，去拜访那些“解决了问题的人”。我不相信他们是真实的，但我眼见却皆为真实。反城市化、有效利用科技、环保、教育创新、公平贸易、恢复手工劳作，只奉献，不索取，付出劳作，收获创造和意义。至今，走在北京雾霾深重的大街上，那次神奇的高密度拜访的场景还会突然出现在我眼前，每当这时，我就会想，打起精神来面对残暴的真实吧，探索让我们生活的世界变好的可能性吧。

2013 年 3 月，从印度回来，我下定决心，从上海迁徙到北京，在这个媒体人扎堆的地方，专心做个好记者。

5 月，我和摄影师杨弘迅、纪录片拍摄者朱景辉一同出发去往河北与内蒙、东北交界的乡村，采访一个支教NGO本土化生存的情况。本来是同事受朋友之邀的一次报道行为，却成为让我受益匪浅的一次采访。那次采访也是十分密集，看到“社会创新”之路的千沟万壑，以及：现实不是切割精准的钻石，而是猫咪的毛线球。

“我不做公益，就不相信自己是个好人。”一位支教者对我说，故事之幕就这样徐徐拉开。遇到好的采访对象是记者的最大幸运，而在幸运光临前，你要做好充足的准备，如果说我在做记者这件事上有什么天然的才能，那就是比一般人更容易地让人放下戒备的能力吧。

那次采访，让我重新拾回真正做记者的感觉，从长久的沉寂和怠惰中醒来了，感官洞开。

我从一本本砖头书中向世界的心脏探入钢针，但那俗丽的皮毛坚硬如铁。于是我决定潜入它的下水道，一探究竟。

2013年7月，我和独立摄影师王久良一起去往北京园博园，窥探那座“垃圾上的城”的秘密。探秘遇到瓶颈，并是危险的，只好虚晃一枪，魔幻写实。唐德里罗的砖头小说《地下世界》成为枕边书。《大都会》、《下水道赌局》和《垃圾之歌》带我超越了自己亲眼所见的一切，认识那肉眼看不见的真实。最终我写出来的，

代表作品 2

作品名称：进入地下城

刊载媒体：城市画报

发表时间：2013年9月12日

作品影响：对问题的揭露本身遇到瓶颈，并有一定危险。但该报道从对北京园博园存在问题的客观描述出发，引申出一个关于城市建设和人类命运的终极隐喻。魔幻写实，虚晃一枪，歪打正着。

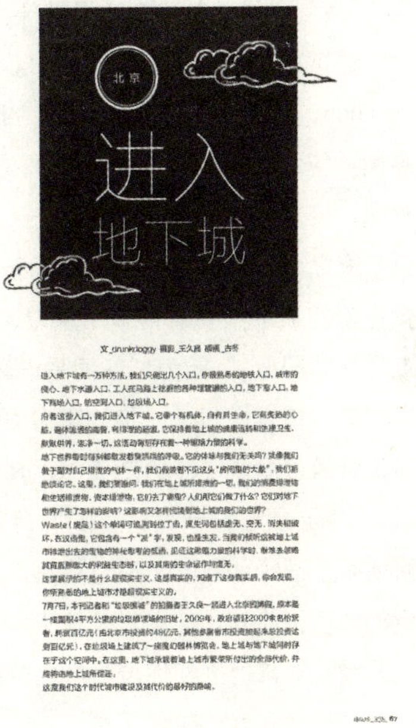

并非是一篇调查报道，而是恐怕只有《城市画报》才能容纳的“四不像”，一个冗长的、关于城市建设和人类发展的悲观隐喻。

除此之外，是耗心力的封面专题制作：《中国30岁生存现状：困局与突围》，《爵士在中国》……比起同事们的深耕细作和丰富经验与人脉，我总是有点力不从心，对作为编辑的自己向来无法满意。

《城市画报》历来采编一体，我更喜欢自称记者，一个29岁才刚起步的，迟来的记者。在我稚嫩的记者生涯中，2013是一道窄门，跨过它，视力贫弱的我，一切都清晰起来。

我到底是谁？我来这里做什么？

工作和爱好还是要花开两朵。按照我的梦想清单，记者应该是我人生中一段指向“不停冒险”的插曲。我不想放弃那个叫醉狗的家伙。扪心自问：“我到底是谁？我来这里做什么？”几乎是我每日必行的早课晚课。

通常，我的书桌上堆积如山。我一手David Foster Wallace与Thomas Pynchon，一手Peter Hessler、John McPhee，地上堆着如山的报刊杂志，捧读《华尔街日报如何讲故事》、《普利策文学奖特稿卷》和《水晶之城》补课，妄想自己还有时间温习一下巴尔迪厄和亨利·列斐伏尔。后者在做哲学家之前，做过出租车司机和新闻记者，是最适合我的前车之鉴。而马尔克斯的演讲集要时常拿出来温习，只要看那一句话：“新闻记者是世界上最好的职业。”因为“新闻是一种永远无法满足的passion，只有遭遇现实才能尽情发挥”。《巴黎的学习岁月》是我在某出版社编辑部工作的时候与译者有过愉快交流的砖头书，其中有段话我总难忘：

“你必须在你精力旺盛的岁月里尽可能有独创性地和积极地生活；了解所有的理论和科学；通过实践而熟悉社会各个阶级；尽可能多地尝试社会的角色，此外，建立对其他人和你自己完全新的联系；晚年的时候，把这些经验对其他人和你自己产生的影响总结成一种新的哲学。”

这段话在我心中撒了种。

我必须很快地跳级。要学的太多了，必须加倍努力才能赶上。

但我首先得忘掉我读到的，我首先得把我的双脚放在地上。

探险家要的是世界的心脏

在《城市画报》工作，经常遇到的是世界旅行的人。“你为什么在30

岁辞职世界旅行？”得到的回答通常是：“我要找自己。”

对我来说，做记者是找自己的最好的方法。而《城市画报》天生就是找自己的平台。它的采访对象，通常是一群不按部就班地用尽各种方法找自己的青年。

世界的俗丽皮毛无法让我餍足。作为一个以“真实”为目标的虚妄的探险家，我要的是世界的心脏。

要找到世界的心脏，除了在人类既有的智慧和知识的基石之上建造房屋桥梁，最好的方法就是假扮成一个记者。对探险家来说，记者是世界上最好的工作。

我从未拥有过主流价值观，成为记者这件事刻不容缓。

在墨尔本，我遇到了一个来自巴西的青年。他是“世界上最好的工作”的从事者。听他讲述那份人人艳羡的“世界上最好的工作”，我却反应冷淡。一个想法再次出现：记者才是世界上最好的工作呢！守卫大堡礁算什么！（尽情取笑我吧，“最”是世界上最主观的表达）。

很长一段时间我也陷入焦虑：身处一个安全的发光的世界，却向往一个污秽的危险的世界的那种焦虑。一个爱丽丝进入兔子洞后发现王后真的会砍人头，人头真的会落地流血的那种焦虑。一个“走遍现实，是否真的能成为自我本身”的那种焦虑。

我时常迷失在“现实”中，因为“现实”从来是主观的，我担心自己只是迷失在“事实”中，而“事实”离我，就像一头猪距离一根火腿肠那样遥远。

远不是个好记者，但对经验匮乏的我来说，“走到世界上去”是多么重要。

“人生一切美好，报酬皆在眼前。

创作的报酬是创作时的陶醉和满足，而不是有朝一日名扬四海。

爱情的报酬是相爱时的陶醉和满足，而不是有朝一日缔结良缘。

如果事情本身不给人以陶醉和满足，就不足以称为美好。”

感谢《城市画报》，这份杂志促使我走到世界上去，并收录了我“走到世界上去”的一些步履，我在这里度过了我迟到的“学习岁月”。

步履笨拙蹒跚，但足以被称为美好。

（作者系城市画报记者）

围观
冬梅
3

冬梅醉狗李博士

仇敏业

城市画报内部的年度 MVP 评选中，有位资深编辑激动地推荐了李冬梅，其推荐语是这样描述李冬梅的：写稿界的“好又多”！写稿量之多、写稿速度之快、报选题之多、完成时间之迅速、完成质量之高、工作态度之好、视野之广阔、采写之接地气，都无人能及，令人震惊。有同事听说这一推荐语后，点评道，排比句太恣意，为事实增加了不可信的色彩。

李冬梅是博士，跟谢尔顿·库珀（就是谢耳朵啦）一样。不一样的是，如果当面不叫博士，谢耳朵会不高兴，李冬梅则正好相反，你当面称她博士，她会不高兴。据说，女博士是特殊物种，具体到李冬梅呢，依我看，也是。兴趣脱流俗，见识超凡俗，精神世界的流苏，走到哪摇曳到哪儿，从头到脚，初心闪闪。但另一方面呢，也不是。李冬梅长相、秉性什么的，都挺正常，我的意思是，每个人都有不那么正常的一面不是。

尽管不喜欢被称李博士，但成为博士，对李冬梅而言，似乎是个特别自然的事。我的意思是，有些人会问博士，怎么读成博士；而有些博士会问自己，怎么就读成了博士？但李冬梅给人的感觉是，她必须是博士。必须的。李冬梅崇拜知识，在她那儿，知识就是皮肤，最性感的莫过知识裹就的天体；知识就是牙齿，可以咬碎世界坚硬的外壳；知识就是饺子，好吃不过饺子。她积极地不知疲倦地构造自己的知识框架，哲学、历史、文学、音乐、电影、艺术……福柯、阿特伍德、穆齐尔、刘小枫、纳博科夫、毛姆、约翰霍兰、凯文凯利、克利……乌托邦、极客、神秘主义、时间、女巫、科技……像一只挖洞的鼹鼠，对不？住在知识搭造的洞穴里，她感到安全，惬意，光彩熠熠。所以，因为她是这样的，然后，才是博士；所以，她去印度采访，会钻研乌托邦的历史。所以，她写情人节专题，会搬厚厚一摞与爱相关的书籍放在电脑前。所以，她的稿子有格局，有深度，智趣纵横。

当然，知识的好处，不仅仅是让你多看了几眼世界，又或者让人多

@ eminor（陈蕾）：冬梅气质复杂，是学霸气质、洛莉气质、不服来辩气质、迷路气质、嘿嘿嘿气质的混合体。文如其人，她的稿子也是以上几种分身的自由组合产物。而且，她写稿子超级快，大美德！

看了你几眼。也不仅仅是让你从繁杂中多看出几条道道，知识更重要的好处是，让人体会到复杂，人的复杂，秩序的复杂，光滑表面背后的复杂。而只有懂得了复杂，才能撩开偏见与肤浅，尽可能地接近客观和真相。于是，李冬梅可以从几个看似简单的支教青年身上读出迷茫与救赎，反抗与情怀。因此，她采访撰写的《迷惘青年下乡记》——一个本不甚符合《城市画报》关注范畴的题材，最终被评选为杂志社的年度创作精神大奖。

李冬梅是坨文艺女青年，几年前，城画的艺文编辑在做情人节小说特辑时收到一篇署名为醉狗的短篇，整篇读下来，惊喜连连，编辑大人甚是喜欢，听说醉狗在南京，于是不无得意地向当地的出版社朋友圈推荐，这个人，你们可以一起耍。结果出版社朋友笑了，醉狗啊，老熟人啊。原来，醉狗早就在圈内厮混许久，而且，出版社朋友还说，醉狗可是豆瓣红人啊。醉狗，drunkdoggy，就是李冬梅，至于为啥取这么个带布考斯基味的花名，我问过，但她好像没有正面回答，或者，我忘了。不过，但凡花名，无非标榜、自我暗示、警示或补偿，我猜后者的可能性大点——严谨知性的外表下，藏着颗向往不羁的心。不过，其实都无所谓，我只是想说，她就是坨活泼泼的文艺女青年。对于一度被冠以文艺杂志的城市画报来说，李冬梅是块无缝对接的活跃板块。去年 10月，蜚名国际的日本摄影师志贺理江子来北京，激赏志贺许久的编辑因为时间缘故，只能把一腔采访的热情转寄于北京站的李冬梅。采访中，除了编辑列的采访提纲，李冬梅根据访谈情景抛出自己问题，成功导引访问。在采访结束时，志贺理江子感慨，真没想到，在中国还能遇到这么有趣有深度的访问。顺便说一下，李冬梅正在帮某出版社翻译一部有关西方现代小说叙事艺术的英文著作。

文艺青年——假如不带偏见，稍加观察，可以发现——最大的特征是拥有强烈的多活一次的愿望。在现实之余，强烈地希望拥有另一个世界。不是耽于幻想，是特别热爱生命，不愿意相信生命只有一种可能。

这个意义上讲，李冬梅是典型的文艺青年，她能欣赏极致的生命，或者生命的极致，愿意挖掘正统价值观统治下的生活背面的丰富却鲜见的另一面。这是她的个人情怀，恰好也是《城市画报》这本杂志的情怀。

在2013年年末的杂志年会上，李冬梅说，她的目标是成为一名真正的特稿记者，我当时就想，她一定会把这事干得很漂亮。

（作者系城市画报首席摄影）

曹轲点评 关键词：行走

以行走的方式书写，以书写的方式行走。文人旅人均作此想，寄情寄世皆怀此梦。不得不承认，从妄想到现实未必更矫情，从凌空到平地未必更虚妄。看世界，找自己，互为方式与理由。双脚放到地上的李冬梅，走遍世界、走遍现实的梦想，已经让画报里的城市变成山水写意。

李丹婷

2005年毕业于广东工业大学，同年进入《南方周末》新闻部担任新闻助理。后跑去了《羊城晚报》旗下的一本生活刊物当了一年的记者，再次回归南方，在《mangazine|精英》担任编辑至今。工作上没有雄心大志，只希望做好这份工。生活中却故作潇洒，假装自己是一名侠女，宏图霸业谈笑间，不胜人生一场醉。

最紧要开心

角度

2013年度记者 入选理由

李丹婷是一位极具好奇心和探索精神的编辑，凭借知识面上的广泛涉猎和外语方面的特长，她总能从一些奇特乃至古怪的角度，找到一个令人惊喜的选题，一种别开生面的报道方向，或对某个栏目、某个事件令人耳目一新的解读。对于像《mangazine | 精英》这样在气质上相对沉稳端庄的杂志，李丹婷带来了可贵且恰如其分的灵动和鲜活之风。

记者
感言
1

接到领导通知说要准备写写集团年度记者的材料，心里咯噔一声，甄嬛体内心小独白一下子就冒出来了：惶恐不已。真不是谦虚，在这个大院呆了将近八年，身边有很多年度记者，对他们再熟悉不过了，没想过自己的头像有一天能会出现在集团门口。

大学毕业后固执地没有选择从事外贸，因为很清楚自己不是做生意的材料。仅仅凭着对文字的爱好和对传媒的热情，在各种机缘巧合之下进入了《南方周末》新闻部，当一名新闻助理，很庆幸地跟在当时的编辑记者身后瞧见媒体最初的模样。而多年以后，我从新闻助理变成杂志记者再变成《《mangazine|精英》》（原《名牌》）的编辑，一直都跟我喜欢的东西打交道，直到现在，敲打下这篇“回忆录”，不能不说自己是幸运的。

推着自己向前的是对传媒的passion以及自己对这个世界的curiosity。我总觉得自己有只巨大贪婪的胃口，什么都想了解什么都想知道，曾经将霍金的《时间简史》前后看了好几遍，死活看不懂但是又真的觉得好好看。同时贪心借了很多本书，专门跑去14楼问图书管理员我可以多交两百块的押金再多办一张卡吗？希望幻灭后，只好忽悠其他同事办卡，携带同事充当“人肉借书卡”。

在开选题会报题的第一句话就是，这个题目很有意思。领导就问，然后呢？我只好说，还没想好。不是不知道自己的缺点，看起来是多面手，其实内里欠缺深入的挖掘能力和对全局的掌控度。因此，对于那些有深入说好一个故事和完美的编辑思路的同事崇拜不已。

我只好自我安慰，做杂志嘛，都说“杂”志，人杂一点总归不会是坏事吧。

一、“杂志上瘾症”患者

对杂志的热爱好像是与生俱来并且随着年龄的增长有无可挽回的趋势，“杂志上瘾症”病患者一枚，网上定期淘来一堆过期的外国杂志（当期的太贵买不起），之后为了定期能够看到好的外国杂志（主要原因还是为了省钱），特意建议图书馆增订《经济学人》和《纽约客》。每当看到好的选题好的版面总会惊呼佩服优秀杂志人的创造力。

看杂志的乐趣就是，你可以从任何一页开始阅读。这不是我说的，是日本杂志界首席艺术指导藤本泰说的，他老人家还说过，虽然我还看不见电子杂志会以什么样的方式着陆，但只要杂志设计呈现的是故事般的感觉，那就跟使用什么样的“容器”无关。如果有像电影般以动画呈现的杂志，带有电视广告的杂志，那不是很有趣吗？

另一个爱看杂志的牛人，许舜英更深入地指出，创意人不只要会产生厉害的点子，更重要的是懂得如何贩卖——该论调和现在常提及的杂志编辑应该具有产品经理人意识的说法不谋而合。

在我看来，杂志的理想状态，是提供有质感的阅读，从杂志美学过渡到生活美学。从这个角度出发，我恰恰觉得，现在的“纸媒拐点”，也许能够分化出另一种精耕细作的杂志。就好比，曾几何时曾是农业，贩卖农产品是有多 low，但是褚橙的热销，告诉市场这个很传统的行业，还可以这样玩，当然前提是你的东西足够好。

在我看来，杂志的理想状态，是提供有质感的阅读，从杂志美学过渡到生活美学。从这个角度出发，我恰恰觉得，现在的“纸媒拐点”，也许能够分化出另一种精耕细作的杂志。就好比，曾几何时曾是农业，贩卖农产品是有多 low，但是褚橙的热销，告诉市场这个很传统的行业，还可以这样玩，当然前提是你的东西足够好。

中国市场上的生活类型杂志远远还没有细分，只是简单以性别和年龄划分，好像就已经一起玩完了。仅仅是因为媒介改变了吗？我想，媒介的改变应该是给读者多提供了一个选项。三联书店去年出了一本杂志《新知》，10月的试刊号，在我看来非常类似《colors》，两者更像一种杂志书，能够提供有趣有料的阅读体验。当然后者的版式设计比《新知》好太多。

二、小编“胡扯八道”

一直在关注外媒的 paywall（付费墙）的进展。就说说这个好了。

《纽约时报》的做法很有意思，它允许每个读者每个月有 20 篇文章的免费阅读权限，如果是由 Google 上链进来的话，那么每天可以免费阅读五篇，但是如果是从社交网路比如 Facebook 进来的话，则可以阅读更多（这点措施应该是鼓励用户分享）。针对网络和智能手机的阅读客户，每个月收费15美元，20美元是网络和平板电脑……（2011年的数据）这种划分的背后的逻辑是，随机用户一直会保持随机浏览网站的习惯，但是积极用户（heavy users）则会被收费，这点是有违传统商业逻辑的——为什么要惩罚忠实用户却允许随机浏览者免费看内容呢？

《纽约时报》是这样看待网络的，他们已经意识到网络广告在短期内是无法弥补回因传统订阅用户和广告主的下跌而造成的利润份额。在他们看来，网络的神奇之

代表作品 2

作品名称：岳敏君：傻笑人的自我审问

刊载媒体：mangazine | 名牌（2014年更名为《mangazine| 精英》）

发表时间：2013年12月刊

作品影响：谈论中国的当代艺术，岳敏君是不可回避的一个角色，他经历了早期的天价成交到后期的频繁流拍，这条轨迹亦是中国当代艺术的发展路线。前后两次的采访，算是岳敏君较长一段时间内，接受的为数不多的一次深入细致的访谈。

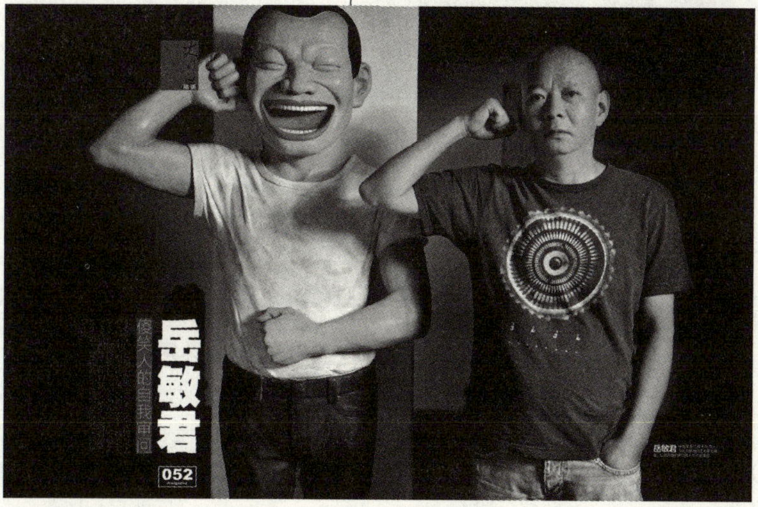

代表作品 2

作品名称：郭川：扬帆闯世界

刊载媒体：mangazine |名牌(2014年更名为《mangazine| 精英》)

发表时间：2013年5月

作品影响：约访的过程颇为周折，作为首位单人不间断环球航海伟业的中国人，郭川于2013年4月5日早晨荣归母港青岛，《mangazine| 精英》及时约访，出了一篇尚算新鲜的稿件（对于月刊来说）。郭川的航海经历就是一个现实版的“中年Pi的奇幻漂流”。

处在于，你不能将它视为收入的来源途径，而要将其视为吸引付费订阅者的一个廉价的途径。网络是卖场的橱窗，而不是生意本身。积极用户之所以会被收费，是因为他们最有可能转变为订阅者。

尽管数据战略取得了显著的成功，但是它的股票价格持续走跌。

由于广告收入持续下滑，纽约时报公司会继续依靠循环收入支持来满足华尔街的期望。相比其他所有权，纽约时报公司可能会稳步地从以广告为主过渡到订阅模式，但这是另外一码事了。

另一本我很喜欢的杂志monocle，几乎满足了我所有对生活类杂志的美好想象，它的杂志思路也许能在纸媒转型期当中提供另外一条思路。

号称都市智慧型男主编Tyler Brûlé 从杂志一诞生就把网络当作纸质内容的补充，许多视频和音频材料都链接在文章里面，但是绝对不会放弃纸质版，因为他坚信，美丽的设计必须以纸质的形式才能呈现，才是真正的杂志。同时，他还真正地把杂志延伸成为一种生活方式，2009年他搞了一个MONOCLE Shop，卖的不是仅仅自家的杂志，还有各种杂志上出现的东西，或者符合杂志风格理念的玩意。

作为一枚脑残粉，我还特地跑去了MONOCLE Shop在香港的店，店面的风格就很monocle，陈列了各种小众而又昂贵的知名设计师品牌的物件，小到一个文具盒大到一辆单车，什么都有。店铺的后台

代表作品 2

作品名称：不持有的生活

刊载媒体：mangazine | 名牌（2014年更名为《mangazine | 精英》）

发表时间：2013年9月

作品影响：前知名企业台塑的研发部高管，放弃高薪厚禄的金领生活，回归原始，推广一种不持有不占有的生活方式，已经坚持数十年，还将继续坚持下去。

就是设在香港的编辑分部。正是这种店铺，把杂志的内容与风格，转化成了零售与消费体验。这种贩卖杂志的理念，多美好啊。

就在去年，2013年的9月，来自柏林的专作设计类书籍的Gestalten出版社，出版了一本厚达400页卖60美元的monocle的书：The Monocle Guide to Better Living，亚马逊上已经有得卖。找了一些内页的介绍看，很monocle的风格，完美的文图比例完美的图片色调，的确是提供了优质的阅读感受。

扯太远了，这就是赤裸裸地在填充版面啊。在《南方传媒研究》里，太多业界大佬讨论媒体转型了，我的浅薄意见就此打住。

三、还是别同生活讲和了

我总觉得杂志人就要有一股"火"，远远地围观国外媒体大佬们做杂志，内心也可以激动得不行。还记得有一期《时代》杂志在做年度特刊，特意在版面上刊登了编辑部是如何将这期内容炮制出来的过程。我看到开选题的情景，也看到他们改样的情景，还有贴墙之后相互讨论。就这样看看，仿佛也感染了那股"火"。

回到我的小编生涯，做杂志当编辑给我带来最大的快感就是你可以接触到很多有意思的人，他们来到你身边以亲身经历告诉你这个世界是有多么的好玩，然后你再把这些精彩的故事告诉你的读者们。我采访过满世界追着极光跑的旅游达人；也采访过在纽约城内打造一个流动游泳池的年轻团队；采访过娱乐圈内众多大腕的精神导师，在饭桌上听到他和现在当红的拥有许多男闺蜜的田小姐的故事。

2013年这年，我做"修行"栏目，认识了很多内心强大的牛人，比如马来西亚的黄慧音，齐豫唱的《心经》，就是她给谱上的曲子；前台塑的研发高管区纪复完全把自己活成一个无欲无求的原始人。做"视觉"栏目，搜罗了一堆视角独特的外国摄影师，顺便将我们杂志给海外推广一下(此处应有掌声)。采访大黄鸭的荷兰设计师Florentijn Hofman，他告诉我，中国现在的发展速度让他觉得恐怖……

各位都看出来了，我采访的都是非主流人物，给杂志贡献一份小小的杂七杂八的力量。

但硬币的另一面是，住在我内心的另一个小人却使劲嚷嚷着，你们谁也别来理我。那个惨遭叔本华洗脑的小人坚信，"理性的人寻求的不是快乐，而只是没有痛苦。"

之前看《纽约客》，上面说如何在 Twitter 和 Facebook 上成为不受欢迎的人，很简单。只要你讲和哲学、政治有关的话题就可以了。嗯，的确是个好办法，这两个话题的确是票房毒药。

“我们每一个人的生命，当一览无余，只考虑其大致的轮廓时，就是一场真正的悲剧；但当需要一步一步用细节来耗尽它时，却转化成了喜剧。每天都有每天的工作和担忧，每一刻都有新的欺骗，每一周都有新的欲望和恐惧，每一小时都有新的沮丧，因为‘偶然’总是埋伏着，随时准备恶作剧，成就了一出出纯粹的喜剧……大概命运想通过嘲讽来完成我们在生活中所经历的折磨吧，它在其中放入了悲剧的所有痛苦。但是为了不给我们留下悲剧人物，哪怕最少的尊严，在生活的细节中，他又迫使我们扮演谐剧的角色。”

再次把叔本华搬出来，是因为他的这段话多年后的我才终于明白，在采访了蔡康永和黄西之后。他们都不约而同地都强调寻找自己人生的“存在感”是有多么重要。

蔡康永说，他对什么都总是抱着一种“恰好路过的状态”从而达到“很确定自己是不重要”的心态，那是因为他在注视生命——把自己变成观众，恬静地坐在台下看着台上的演员，也包括自己看自己在演戏。如同现在的我，看着自己内心的小人，告诉我：Hey, Just for Fun.

（作者系 mangazine| 精英杂志编辑）

围观
丹婷
3

一直追随着月光

赵 昕

李丹婷和我曾经热烈地讨论《月亮和六便士》，我还记得自己唾沫横飞地描绘那种激动人心的、虚无缥缈的、蛊惑的、令人奋不顾身的东西的时候，李丹婷在旁边故作镇定地笑着。多年以后，我已经离曾经的那些越来越远，李丹婷却还一直在路上。

她不是一个标准意义上的“南方系”记者。对于大院人喜欢挂在嘴边的“理想主义”、“专业主义”等大词儿，她一向是避之不及的，更不会主动地高谈阔论。

此刻我想像着她听到这些话题时的典型反应：抬起双手，向上握成爪状，一边旋转着手腕，一边支吾着，琢磨着，怎么搭上话头——仿佛手上握着两个智慧的阀门一般，就算停水了，只要努力去拧，总还能流出几滴来吧？不过，在我的记忆里，她的努力在最后都会以失败告终，旋转着的双手突然停了下来，她以玩世不恭的语气宣布：“都是些虚头巴脑的东西啊！”

对她来说，到底什么是实在的东西呢？因为她不是个善于总结和阐述的人，所以关于这个问题我也花了很长时间才厘清。总的说来，实在的东西，就是看得见摸得着的，好玩好看好吃的，有意思的东西。

别的记者说，靠选题吃饭是个借喻，对她来说好像不是这样，好像是真的。李丹婷就是凭着最基本的本能在寻找着有趣的选题，就像一只正在觅食的饥渴的野生动物一样。社交场上名流们的脂粉味她闻着了，但华服之下的邋遢和龌龊也瞒不过她的鼻子。她的舌头对米其林级的美食有巴甫洛夫式的趋向性，舐则津津。她对身体话题的敏感度和把握力，也是与生俱来的天赋。身在时尚圈名流界，总有机会出入些花柳繁华、温柔富贵的场合，能欣赏得了高级和洋气的玩意，但不改初心，执行着自己记者的本分。

我还记得杂志生涯里那些“流动的盛宴”，编辑部的上空像是有股气

@李姗姗：李丹婷平日里都来得很早，先戴上耳机收听BBC的新闻访谈，一边打开Gmail邮箱收发邮件，在MSN聊天，打开Word软件编辑稿件，手边摊开着New Yorker、Vanity Fair或Esquire，有折页的部分可能还要查证一番……用一点一滴的行动，一字一句的琢磨，慢慢赢得信任与尊重，七年下来，终于成长为我刊“最具国际化视野的编辑”（黄主编惊涛老师如是评价）。

@黄惊涛：这么多年过去，如果说我对谁有偏爱那么我首先想到的是丹婷。这小姑娘的身上有一种善美，她很少与人争论，她豁达大方，充满着我所欣赏的职场上的智慧：不争。很多时候，我总是偏执地想让她挑大梁，在杂志上释放和展现她的才华与能力，可她总只愿意做门窗上那最精美的画工。对，她不是大梁，但她是一个房间里最出彩的绘画。

流在高速旋转。李丹婷每天都要疯狂浏览海量的英文网站找寻灵感：“你觉得这个话题能不能做？”，她每天至少问我三次，其中不乏卓然有趣的点子，为了不让她过于得意，我只好故作不以为然：“这个老梗了吧。”她既不懊恼，也不轻易放弃这个线索，我说我的，他们说他们的，她越是一根筋地要继续下去。

有段时间我们老爱讨论一名记者的“意义”，到底是做自己想要的，还是做自己应该做的，为此李丹婷还去狠泡了一段时间图书馆，跟不同的人聊，可把“意义”这种宏大的词儿加诸于李丹婷身上，却也有种违和的平衡感：她似乎是在横冲直撞、虚头巴脑、茫然若失之中找到了一个微妙的临界点，她在做一些有意义，也有意思的题目，她想找到自己内心的激动，也想唤起读者深藏的喜悦，她似乎并不比别人快，但却一直在前行，仅仅是因为她想这么做，始终认真地去做，至于最终的结果，仅仅她一路走来两袖生风的结果罢了。

现在回忆起来，李丹婷的人生堪称戏剧性，可是她算是正统的“周末人”，也算是资深的“精英人”，我曾经笑过她“无知者无畏”，也曾尊称她“李大编辑”，在自我的奋斗这一条路上，李丹婷的小身板里似乎藏着一个氪星超人——倔强，不掺杂质，执着得稍过分了点。多年之后，我还在问她，你觉得有意思么？她回答：当然了，谁跟你一样，我比你认真多了。我听了心里一沉，我以为能跑得很快，但是跑得太快，终于把自己也抛在了后面。

“满地都是六便士，他却抬头看见了月光”，幸运的是，李丹婷一直追随着月光。

这个世界从来不缺有意思的事。只要一个人有着李丹婷那样的本能，这总是一个充满官能愉悦，十分值得体验的世界。

我希望她和这个世界都一直如此。

（作者系前 mangazine| 精英杂志记者）

曹轲点评 关键词：角度

选题的角度甚至选题本身，决定一本杂志的生活态度。角度可以是个体有态度的存在、大众无意识的生存，角度可以是角力的方向态度、角色的代入程度。站在这个角度，名牌就是物化的精英，精英就是人化的名牌。李丹婷用她的角度，与角色的生活和解，化解生活中的角力。

吕剑

2005 年入职南方网；2007 年转投南都新媒体事业部；2009 年并入奥一网；2011 年转战大粤——都在 289 号大院内转圈。人生格言：他不研究文学，他为之心旷神怡。

无题

马上

2013年度记者

入选理由

内容策划完全以用户需求为核心，完全立足广东，体现“在这里，读懂广东”的本地化诉求，系列策划内容在网络上引起巨大反响。

记者感言 1

对地方新闻的理解

李嘉诚说过，决定楼盘价值的三个要素是：地段，地段，还是地段；我认为地方新闻的三个要素就是：实用，实用，还是实用。

几年前我在南都新媒体部的时候，就参与过关于南都内容定位的讨论。南都是以舆论监督起家的，但在达到舆论监督的顶峰之后，面临的问题就是下一步怎么做？当时，做最好的民生新闻，与广日竞争成为一个努力方向。但报纸囿于版面等限制，始终无法把民生新闻做到体贴入微的程度。比如报道“广东大病医保新政”的时候，就只能综合地报道能领取的额度，适用的人群范围。但是光有这些信息，对受众来说是远远不够的。受众需

要知道，符合什么样的条件才能参保，去哪里参保，需要准备哪些材料，怎样去。以及参保之后，什么样的病能够申请什么样级别的的报销，最高额度的报销额度要怎样才能拿到……这些都是一个受众最关心的问题，而报纸只能告知读者有这个利好，让他们去自己了解详情。

这个时候，读者自然想到了到网上去了解！网络新闻的价值就在这里体现出来了，可以做到全面披露，全面对接——包括网页的链接，网上的预约办理，网上的缴费……一应俱全。这样的新闻，才真正地对网友的生活有帮助，才真正地有粘性——至少持之以恒，网友在需要帮助、需要咨询的时候，会首先想到你，来登录你的网页，阅读你的报道。

在互联网产品更新迭代眼花缭乱的时代——MSN 到新浪博客到开心网到新浪微博——产品的生命周期越来越短，就其原因，最根本的一条无非是：他们并不实用。而实用的 QQ，虽然在一路的鄙视中慢慢成长，却最终成为每个办公室白领的标配。我们查资料必不可少的百度，成了每天都要上无数次的网站。

2014 年，假如我们是在正规军里，那么要做王牌师；假如我们是在杂牌军里，也要做独立团——不可以随波逐流，自甘堕落。

实用的新闻，或许不如猛料那样可以一下子获得巨大的声誉，但是却可以一步一步筑起自己的产品护城河，培育长久的竞争力。

对观点的看法

我特别惊奇地回忆起高中学习写议论文的时候，老师一遍又一遍地叮嘱：先确立好论点，再找论据来进行论证。多年之后，我发现这几乎成了我们每一个人的思维模式：先有论点，再找论据来进行论证。为了论证一个观点，我们常常片面地堆积一个方面的论据，却有意无意地忽略另一个方面的论据。比如许多人在论述民主制度的优势时，举台湾地区和日本为例子，却闭口不谈印度的腐败和泰国的混乱。这样一来，就很少有观点具有广泛的说服力，观点最终演变成派系倾轧的工具。

我认为传播观点要非常谨慎。现在报纸每天制作大版面的言论，不知道是出于何种判断而做的决策。起码在网上，发这些东西鲜有人问津。大家没有兴趣看也没有兴趣参与讨论。

我们的团队目标

2014年，要成为我们团队的合格成员，只有靠热情洋溢，全身心地投入工作。工作的同时还要思考——不是想入非非的、不着边际的空想，而是脚踏实地想我们下个周、下个月、下个季度应该怎样工作，推出哪些作品。如果问起下周你要做什么，胸有成竹脱口而出，那么证明你认真地思考过了；如果问的时候，一脸茫然，答起来也似是而非，那说明没有想。

2014年，要理智地认清楚我们的处境。我的判断是，我们的最核心用户，已经从学生、农民工、白领、创业者四大群体，收缩成白领、创业者两个群体。逻辑很简单，学生和农民工依

代表作品 2

作品名称：大型策划《粤苏争霸论》

刊载媒体：腾讯大粤网

发表时间：2013年9月30日

作品影响：直接影响到广东、江苏省委宣传部，并进行了系列指导。广东省委办公厅下属杂志进行刊载；广东省社科院列为内部PPT。

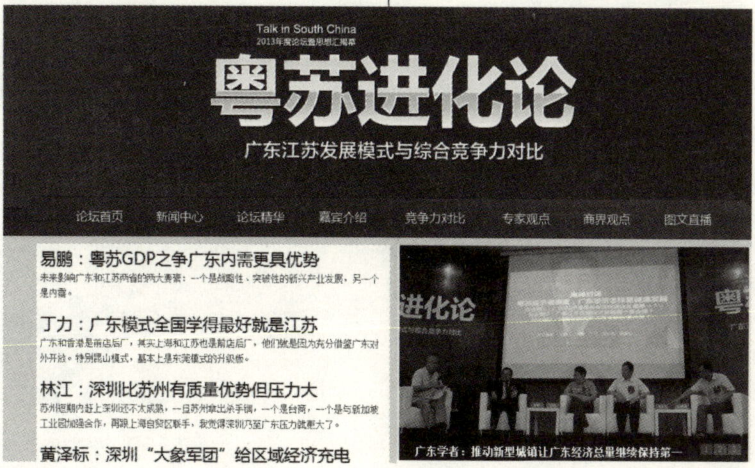

靠手机就完全可以满足信息需求了。即便是白领，就拿我们自己来说，难道手机不能满足我们的信息需求吗？实际上已经满足了。那为什么我们还是忠实的 PC 用户呢？因为我们需要用来办公，不带任何偏见地判断可以得出这样的结论：电脑的办公作用，其他几个屏幕（电视、手机）是无法替代的。因此，我们的工作要高度契合这两个群体的需求，否则就会被他们抛弃，到那时，网页端的新闻频道，就将毫无立锥之地了。

2014 年，我们要全力以赴地践行腾讯的两条“军规”。对内，要有“进取”精神，主动工作，主动迎接挑战，主动承担责任；对外，要“以用户需求为核心”，出于用户需求的考虑，我们完全可以挑战领导们一时心血来潮的所谓奇思妙想。

2014 年，假如我们是在正规军里，那么要做王牌师；假如我们是在杂牌军里，也要做独立团——不可以随波逐流，自甘堕落。

2014 年，有一句无比精辟的话和大家共勉：不怕神一样的对手，就怕猪一样的队友。

（作者系大粤网编辑）

围观
吕剑
3

我们眼中的吕剑

陈婉允 李春思 张梦婷

一

在他这里，我们每天都能感受到强烈的责任感和第一流的执行力。自从开始尝试内容策划以来，他不光是高水准地整合内容，最重要的是实现了稳定而准时的产出。那种流星划过般的超长发挥，和稳定的润物细无声一样的表现相比，完全不足为道。那种偶尔闪光一下的员工，无非是让人想起江青女士的著名诗句：江上有奇峰，锁在烟雾中。寻常看不见，偶尔露峥嵘。用股市的术语来说，这种类型的股票叫做“妖股”。唯有那种一如既往的执行力，才可能让我们的工作持续有度、稳步向前的发展。一直以来我们都看到，身边许多人创意爆棚，张口就侃侃而谈，却无论如何也看不到执行结果。可以说，十个一流的想法，也比不上一个二流的做法。

二

1 月 16 日晚上，他在非值班日发的那条《广佛各增 1 例人感染 H7N9 阳江一感染者死亡》让我们想起《贺江铊污染》之前的种种。贺江铊污染爆发的那天晚上，他从射击场赶回公司发布了快讯。除了这次责任感淋漓尽致的表现之外，他本周勇敢地迈入了可以完全独立操作可视化专题的门槛。这样一来，我们组就有了四个人可以操作了（大家可以看到这几个周来，我们的内容策划数量轻而易举地翻了倍。）

三

他以超过预期的速度，推出了落马厅官的策划。他对每个案例的文字提炼比我的预期要好。他现在的提升方向，应该是锻炼几件事情同时推进

@**廖腾光**：过于自以为是，不会转弯，固执。当然也有一些优点，执行力强——当一个问题发生的时候，行动的最佳时机，就是立即行动。

@**黎智樱**：他主动提出来参与那些极度坑爹的工作，在踢皮球与推责任相当流行的当下，这实在是一种难能可贵的品质。

的能力，为今后亲自统筹较大型的策划做准备。比如，每天在做厅官的盘点的时候，花上半小时到一小时思考一下同时应该推进的春运策划，哪些步骤需要提前准备了。

（作者系大粤网编辑）

曹轲点评 关键词：马上

马上成功，是新一年的良好愿望。马上行动，却是互联网的不二剑法。马上是多久？马上有多快？马上得天下的年代，杨贵妃可以吃到半个月前的新鲜荔枝。马云马化腾的时代，可以变态到梦回唐朝瞬间穿越。马上要，马上到，马上好，吕剑的实用主义把执行力变成军规铁律。

念青

南方人，中共党员。自南方网建网之初入职以来，历经新闻论坛、舆情研判、直播访谈、评论等多个岗位历练，对技术领域和时事政治轨迹一直保持着热忱和率真，对梦想和理想始终抱有坚定而绵恒的信念。

在所当在　为所当为

克制

年度记者2013 入选理由

一个有相当敏锐视觉的记者，一个具有开拓性的、有极强思辨力的记者，一个坚守底线的记者。

记者
感言
1

岁末年初之际，广东“两会”报道正酣时节，辗转被成为南方报业年度记者。几经推托，未能易人。不为矫情，实是彷徨。但我其实深刻明白，网站把我推到前台，这份荣光并不是属于我个人，这是南方网融入集团的阶段性成果，承载的是对我们整个团队共同努力所取得的成绩的充分肯定。

一

上世纪末首触互联网，琳琅满目，如入宝山，教人欣喜若狂，以为找到了灵魂驰骋依归的所在。本世纪初入职南方网，更是彻底终结了“太阳底下无新事”的箴言，得以持久的热情沉醉在竟日簇拥追逐的新鲜感中，想必这就是幸福的感觉了。

其实，我有三个关于职业规划的憧憬：程序员、教师和医生。只是或囿于现行教育体制的弊端，或限于客观环境的困扰，或因了自身心智的障碍，至今仍止于憧憬。然而，踏足网络传媒行业之后，蓦然回首，却似正应了我的宿愿：有笔如刀，参差可以传道医人；而网媒前端页面的尽情表达，更是离不开程序代码的应用支撑。况味其间，宁不快哉?

网络媒体虽然在出道之初，就被誉为“新媒体”和“第四媒体”，但是长期以来，一直在媒体权威性和内容原创性方面备受呵责。也因此故，投身其中，让我备感压力。较诸于科班出身的同行，我的专业基础或有缺失，所幸凭借年少时阅书无数攒下博闻杂学的知识底蕴，不致为单一行业、单一领域所局限，服务于网络传媒的开放性，反而更显游刃有余。为了“杀出一条血路”，我更是时刻守望，从不敢有丝毫懈怠，小心游刃于蛊惑和管控当中。

我一向自命为纯粹的左派，对于新闻理念有着自己的理解和坚持。所谓坚持，许多时候不过是蒙昧无知的代名词而已。而理论、主义之争，也不外是利益和话语权之争。当然，毫无疑义的，这并不影响我们有所坚持。需知新闻工作要有激情，但是冲动和投机不是激情。文不能载道，不过若“缘木求鱼，虽不得鱼，无后灾”，但做新闻而不讲政治，反以之求于诡，以“理想”对抗现实、国情，缺乏冷静、客观、理智的处理手法，自不免沦为友邦家奴。

二

在当年“非典”肆虐时节，由于传统新闻媒体的慎重失语，城中有关这一“怪病”的各式信息和说法，终演变成铺天盖地的谣言，并且引发了一场遍及珠三角地区的抢购风潮，当时板蓝根、白醋的价格上涨了几十倍，恐慌持续高调蔓延。我和我的同事经过对网上舆情发展趋势的研判，认为在这个时候，老百姓需要的是一个来自政府部门的权威信息。当晚，南方网请来广东省防治“非典”专家组副组长黄文杰博士就“非典”问题作现场网上直播，通报有关情况，并回答了人们的各种疑问，通过网上访谈向社会呼吁“非典可防、可治、不可怕”。随后，整个市面开始回复平静，正是由于我们在正面渠道的发声，事件开始呈现出有序和可控的良性态势。这一次，我们的报道速度不仅快过报纸、广播、电视等传统媒体，而且一路领跑，修成权威。

做网络新闻，创意和品味也至为关键。如何在创新新闻整合播报中，用尽心思去出奇制胜，把千人一面的新闻素材做出自己的独特风格来，一直是我不懈的努力方向。

由是，我们的直播访谈栏目一炮而红，成为广东历次网友问题交办会的指定直播单位，成为广东省委书记、省长上线与网友交流的指定直播媒体，并进而成为广东省委、政府、人大新闻发布会的当然直播平台。今日广东几乎所有重要的时政现场，我和我的直播团队都是当然的存在。权威是什么？权威就是第一手的信源，是真相最早的发现和发声。网络媒体在权威性公信力方面或许未尽强势，但我在职的南方网，从建网之初就与众不同！

三

窃以为，做网络新闻，创意和品味也至为关键。如何在创新新闻整合播报中，用尽心思去出奇制胜，把千人一面的新闻素材做出自己的独特风格来，一直是我不懈的努力方向。

我是内容为王的坚定信仰者，而知识的储备积累对内容扩展的功用不言而喻，这可以帮助我在编辑每一条新闻的时候，都能够把新闻当作专题来做。与传统媒体相比，网络媒体不会囿于版面所限，其阅读的无限延伸性正合网编大作文章。记得在摘编一条讲述女子模仿电影《本能》的情节，于亲热后杀死男方的社会新闻时，我首先链接了多条相关新闻，同时，出于本能的反应，我联想到了自然界中有着“同样”奇异性行为的蜘蛛、螳螂，于是进一步配发了延伸阅读文章，并插入一幅螳螂交配图，完成了从负面社会新闻报道到生物学科普文章的华丽转身。事实证明，发挥好网络媒体版面无限制的平台优势，打破单

代表作品 2

作品名称：中国梦·我的梦

刊载媒体：南方网

发表时间：2013年4月

作品影响：通过走访不同年龄段、不同行业的百姓，用他们或朴素、或宏大的“中国梦”，以及为实现自己的中国梦而作出的不懈努力，串联起新中国成立以来中国人的梦想历程。其中传达出的正能量，令人感动，让人振奋。作品影响积极正面，荣获国新办、省委宣传部的高度肯定和通报表扬。

一领域的报道模式，对于提升网站粘度和网民忠诚度有着莫大的帮助。

网络媒体的海量信息储存和回放功能，在很大程度上，帮助我们在为节日、纪念日乃至一应新闻专题本身的整合提供了远超传统媒体的功力。而拥有网络媒体从业资历和程序员技术背景，令我对新闻内容的整合尤显称手。在中国共产党建党周年之际，我编制的献礼专题，正面宣传了一批在中国共产党成长岁月中涌现出来的可歌可泣的普通平凡的共产党人的光辉事迹，由于专题内容翔实丰富、生动感人，转载者众，该专题亦受到了中宣部新闻阅评的关注和肯定。在毛泽东诞辰120周年之际，为缅怀主席的历史功绩，表达我们深切的怀念之情，我深度挖掘和整合了南方网的信息资源，汇集了毛泽东在各个历史时期的经典镜头近两百余幅，编制成《伟人毛泽东风采》图辑。专题中一些珍稀图片的挖掘过程，就利用到各色搜索引擎和中外文的种种组合翻译，既得益于论坛、博客，也有涉及到各类文献网站的贡献，说来似乎只是细致用心而已，腾挪之间，却也尽显技巧不乏刺激。当最终遴选出的精彩瞬间，足以展现一代领袖波澜壮阔的人生轨迹时，终于可以长舒一口气，成就出网络媒体中，迄今最为齐全的毛泽东经典图片集。

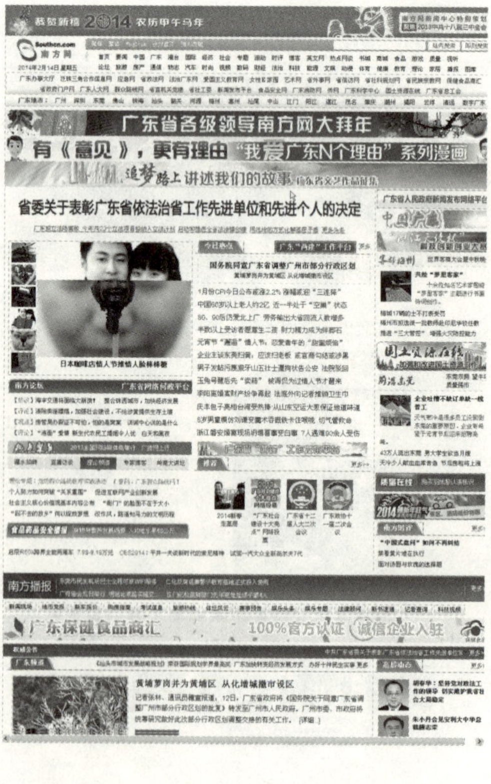

四

网络传媒的交互性，让我们得以与受众作最密切的沟通交流，因而亦能够编写出更接地气的新闻作品，从这个意义上说，网媒无疑是践行“三贴近”最为彻底的新闻平台。当年广东九江大桥发生坍塌事故之后，事故鉴定发布会现场专家突然离场引发广泛质疑，网络上迅即弥漫起针对政府和交通管理部门的批评言论。注意到这一情况，我当即提交报告，建议有关部门出面在线解答网民疑惑。很快，我们就邀请到事故鉴定小组的多位成员，就事故的技术安全鉴定和打捞进展工作，坦诚而透明地直面网民的质疑，让公众能够全面、正确地了解和理解事件原委，澄清了网上猜疑，进而对政府的下一步工作予以支持。有关新闻、评论稿件旋即被几乎所有商业网站及一些地方新闻网站转载，影响积极正面。对于这一突发敏感事件的处理，我以主动、权威和完善为要求，成功地扭转了早前网上舆情的负面趋势。

网络门槛的不断矮化，和主旋律在网络论坛的经常性缺位，致使网络舆论难免极端。现在只要发生一点什么事情，我们就喜欢归咎于制度体制，即使这是事实，可是问题在哪里？仅在于制度？连道德滑坡也缘于制度？我曾经以“国民性成就领导层，还是领导层导致国民性”这一命题就教于方家，识者一哂而过。如果大家在网络论坛中只是热衷于转发一些坊间流传的社会悲情故事，对于事件的背景、真伪全然不管不顾，津津于给政府抹黑，给社会添乱，甚至于唯恐天下不乱。这样的网络，又是谁家的天下呢？我们还要不要承认主流？承认国家实力、人民生活水平的大幅提高和仍在不断提升这些基本事实呢？有见及此，我以为最近展开的打击网络谣言活动，实在是来得太迟。作为一个传媒人，如果连客观反映这样一种蒸蒸日上的社会现状都做不到，却津津于阴暗面（不是揭露！）带来的意淫快感，让纸上、网上“社会”深陷不堪，这显然有违记者的职业操守，更不是我从业的初衷。

但是，怎样去弘扬主旋律，怎样让我们的网络传播如春风化雨、润物无声呢？大抵不外是彻底摒弃高大上的文风，还原出报道对像血肉丰满的人生人性。党的十八大召开前后，我把采访的目标盯上了来自基层的党代表，为了深入挖掘他们的内心世界，我们走进甚至参与到他们的生产生活中。比如采访社工代表，我们就以工作人员的身份一起参加社区服务活动，体验志愿者的酸甜苦辣；采访基层民警代表，我们就跟着一起巡逻、走访；

采访海关关员，我们在白云机场蹲守到深夜……在策划推出“中国梦·我的梦”专题时，我更是把目光投向了普通百姓，通过走访不同年龄段、不同行业的百姓，用他们或朴素、或宏大的“中国梦”，以及为实现自己的中国梦而作出的不懈努力，串联起新中国成立以来中国人的梦想历程。通过深入基层去体味社会，采写出来的这些充满正能量的文章，就愈显鲜活、富有生命力和感染力，也就不难走近读者，与网民产生共鸣了。

其实，多年的网络媒体从业经历，并没有动摇我对传统文化的执着迷恋和对互联网自由共享的认识。事实上，我很庆幸自己有机会在这个激流回旋的网络时代中，在网站高层的期许和宽容底下，让我能够在许多极富争议性的人物和话题中，得以尽情地放纵表达。相信自己在可见的将来，仍会记得用文字和图片来坚守，去见证和创造我们的历史。

（作者系南方网记者）

围观
念青
3

特立独行的念青

申晨

第一次听到别人叫他念青时，我就以为他真叫念青。名字是真文艺呀，不过百家姓里有姓念的吗？过了很久，才知道这是他的“艺名”，据说是怀念青春的意思。

有一次一位同事在群里发了张他10年前刚来南方网时的照片，才明白他为什么会怀念青春，也许是他根本就没青春过。20岁像30岁，30岁还像30岁，奔四了，还是像30岁，标志性的微卷大背头和国家领导人才用的大黑框眼镜，清瘦的身材和永远一个风格的衣着，80年代的知识分子范。我刚来南方网时，觉得念青是个很严厉的人，他话极少，曾听人说，在南方网的小花园里，念青拿着一本书，或低吟或仰望，有人说他是生性孤傲，一向独来独往。他大学学的是环境生物，毕业后干了媒体，同时又是IT狂人，著名的念青五笔就是他开发的，一个人生路上N条平行线的人，总会有些与众不同吧。

他曾说过，我所见到的正义和真理，一向都从容不迫，优雅可人。

念青肯定是极少数拥有自己信念的人之一，他坚信共产主义，崇拜毛泽东，最常看的杂志是《咬文嚼字》。听到他讲话，除了工作安排，最多的就是与人辩论的时候，只要是他认定的道理就没有妥协这两个字，在他眼中，也许从来都没有职位高低和等级观念，以致我们部门的王主任曾经说过，应该买瓶毒药来毒哑他。在QQ上群聊或私聊，他惜字如金，只要意思表达清楚了从来不多说一个字，很多时候喜欢回复两个字母——“O”“M”，意思就是“哦”、“嗯”，表示同意你请假同意你的方案同意你的建议，互联网十大惹人厌回复，还好他从不用“呵呵”。

念青在工作上确实可以称得上多面手，几年前他负责的是舆情工作，几乎每年都拿回奖状，多次获得先进个人称号。据说有一次他扛着中央宣传部的舆情工作大奖牌匾回广州的时候在机场被拦住了——不排除是因为独特的造型缘故——然后他轻轻掀开牌匾上的布，马上获得放行。几年前

@王萍：念青，生性孤傲，不喜应和，喜欢用怀疑、质疑的目光打量众人，常常冷不丁出声锤人一下，再不做声。以文人自居，常挂嘴边的一句话就是：我所见到的正义和真理，一向都从容不迫，优雅可人。

他又兼管了南方网直播组的工作，承担起了省里和各厅局重要活动的访谈和直播工作，他从来都是成竹在胸又奔波劳累，就算是老书记汪洋的在线访谈，负责主持和直播的南方网直播组都没有加过班而圆满完成任务，但是直到现在，每一次直播，扛机器布线抢摄影位，忙得满头大汗得又总是他，没办法，谁让他带的是一支“娘子军”，体力活自然难免。

平时工作中，遇到什么难以解决的问题，我们总是会说，你问问念青。在我们的印象中，似乎所有的问题，到了念青那里，就不成问题了，软件硬件稿件摄影代码 PS，在他那里总能找到答案，比百度知道要好用许多。

其实，共事久了，你也会发现他温和的一面。南方网直播组几乎都是女的，在工作当中受他照顾和保护甚多，也经常以各种名义敲诈勒索让他请吃饭，只要讲得出理由，他很少有不应允的时候，但几乎每次都会请去吃他的家乡菜——韶关南雄菜，一种以辛辣的酸笋鸭闻名的菜，对于一个大部分人不能吃辣的部门来说，不得不说这是一种减少请客次数的远大战略部署。

念青就是这样一个特立独行的人。

（作者系南方网记者、主持人）

曹轲点评 关键词：克制

成熟而不世故，需要克制。成功而不居功，需要克制。成全而不问名利，需要克制。直播而不直白，需要克制。突破而不出格，需要克制。热忱而不舍坚守，需要克制。职业的本能、网络的本能、做人的本能，都需要克制。坏人会老，好人会老，念青不会老，千难万险，克而制之。

彭美

人称彭小美，或彭小黑。2005 年毕业于复旦大学广播电视新闻系，因形象太差，无电视台愿意收留，遂流落南方大院。历任南方都市报广州新闻部记者、北京新闻中心记者。立志于成为靠谱界最自黑的记者、自黑界最靠谱的记者。

年度记者

论我和北京的两看相厌

到位

2013年度记者 入选理由

她是南都时局版早年的开拓使者，她是京城记者圈公认的业务尖兵。她往来大会堂议事厅长袖善舞，她穿梭国新办发布会靓影翩翩。过去一年，彭美在时局新闻中佳作不断，屡建奇功，作品达至庙堂之高，传颂江湖之远，扣紧时代脉搏，坐看风起云涌，一手锦绣文章，提升南都影响。

记者感言

1

有一天，同事娜迪娅在办公室问我的学弟、刚毕业的新同事吴斌：你比彭美晚多少届?

吴斌答：8届。

我和娜迪娅一起大喊：怎么可能有那么多年！？

然后我俩掐指算了半天，发现这是真的。我已经毕业整整8年，在南都也工作整整8年了。一位同事曾嘲讽我的人生：谈了一次恋爱，结了一次婚，生了一个孩子，找了一份工作，人生就此over。

真是杯具，但好像这确实是事实。至少到目前，还没有离开南方大院的想法，最主要的原因是没人来挖我，当然我也舍不得离开大院里这群可爱的人们。

一

前几天和同样比我小8届的新同事邝蔚丹合作。她问我刚毕业进南都的时候做什么记者？我答：社区记者。

她觉得不可思议，但我想起来，恰是做社区记者的那两年，让我遇到了好多好玩的人、好玩的事，令我至今回忆都滋滋有味。

比如，我认识广州一个低保户阿姨，她家在广州菜价最贵的时候，一个月都吃不上叶菜，一直住在几十块钱一月的廉租房里，但在我到了北京之后，会记得来问我男朋友对我好不好。

也认识一个广州老伯，他家每天在阳台烧柴火做饭，熏走了好几任楼上邻居。在我报道了之后，老伯恨死了我，以每周两次的频率打电话来用最粗鄙的广州话骂我，每次我被他的电话吵醒就开始洗脸刷牙，半个小时后他还在骂，直到我停用这个号码。

还有一位可爱的老奶奶，她的租客已挂锁离开6年，她担心租客一家可能会回来，一直没有进入租客的房间，直到一场大台风来把门吹开。6年里她没有收到任何租金。

还有一天，广州东圃某小区的一位阿姨给我们的热线打电话，说：我在家里摆了一个天神位，我的邻居很生气，就在她家居然摆了一个八卦镜照着我，我要怎么办？部门领导听到这个线索，大手一挥："彭美，你去他们家呆上一天，做两个版！"

我当然就去了，还在这位阿姨家吃了饭，她和邻居的矛盾也当然升了级：邻居在自家阳台放着一橙一黑两把剪刀，交叉打开，指着阿姨家，意思是"叉死你家"。阿姨当然也不是省油的灯，印象中她去买了一个黑锅回来，对着邻居家挂着，意思是"让你家一直背黑锅"。然后，邻居又……，她又……。

很久之后的有一天，我跟马金瑜，一个能把新闻稿写出孙犁小说味道的女记者一起吃饭，说起这些趣事。她筷子一放，指着我说："多好玩啊，彭美你这个死人！你呆在北京干嘛，你就应该滚回广州跑社区去！"

我只好灰溜溜的闭了嘴，开始和她论爱情的重要性。

久而久之，我就知道了一些部委的底线在哪里。比如，对于军方部门，你可能不能问你们的"三公"经费为啥不公布？但你当然可以直接问，你们到底有没有建第二艘航母？到底准不准备建海外军事基地？

二

后来我离开了广州，到了北京。那是在2009年。在这之前，我在广州也开始跑一些时政线，变成了一名时政记者。

我想，我和北京的两看相厌应该是从去某部委开一场新闻发布会开始。发布会前一天，我没有能报上名，但工作人员说次日早上可以给他打电话。那天早上，我从地铁站出来，走到了一栋宏伟大楼的门口，打了一辆的士，告诉他："去××部。"

司机走了大约50米，停了。说："您到了，您刚在XX部的东门，现在是南门，谢谢您为北京出租车做的贡献。"

我气愤地给了司机10块，然后给工作人员打电话。对方在电话说："你是谁呀？你没报上名给我打电话干嘛？你给我打电话你也进不来啊。"

在我说好话＋卖萌＋撒娇＋攀亲戚＋攀老乡5分钟后，他最终没让我进大门。

我只好灰溜溜地打道回府了。

三

好在帝都作为政治经济文化等各种资源高度集中的城市，也是一个新闻富矿。南都则是除了南周之外，较早开设“时局”版的市场化媒体，一直致力于做一些解码中国政治运作逻辑的新闻报道。

久而久之，我以一头刘胡兰的发型，从最开始不能进部委大门，到慢慢有人终于觉得我还挺靠谱了。

2013年10月，有个叫《领导人是怎么炼成的》的视频出现在网络上后，恰好被我和实习同学发现，写了稿子后也就捧红了这个视频，虽然它的制作单位至今成谜，据说出自官方，但至今无人承认。

2013年，还写了一篇中央巡视组重心调整的稿子，据说王岐山同志也看到了，还指示下面的同志也看看，说明可能没写错。

也有一篇涉诉涉法信访改革的稿子，据说中央政法委的人认为我一定是看到了他们下发的文件，证明可能又蒙对了。

但是，这些稿子的成稿过程一点故事性都没有，其实，也能讲故事，但是说起来很假，我又总不能说我有天一开门一个文件从天而降，或者说我的一个亲戚就在海里上班。

代表作品 2

作品名称：互联网首现中国领导人卡通形象 用习近平经历阐释中国政治制度

刊载媒体：南方都市报

发表时间：2013年10月17日

作品影响：第二天被各大网站转载，并被海外媒体所关注。

NEWS 时局

互联网首现中国领导人卡通形象
用习近平经历阐释中国政治制度

专家认为很可能由官方制作，意在尝试以新方式来阐释中国

正部级1.4万挑一
平均需要23年

习近平当选国家主席
用时40多年
经历16次大的工作调整

视频到底从哪里来？

代表作品 2

作品名称：国家信访局“信访排名”已暂停数月

刊载媒体：南方都市报

发表时间：2013年5月8日

作品影响：被各大网站转载，后来信访排名完全停止。

NEWS 时局

国家信访局“信访排名”已暂停数月

多地信访官员证实今年3月至今未收到月度信访排名表，尚不知今后是否永久取消

严禁到公共场所拦截正常上访者

其实，都市类媒体做政治新闻很是不易，何况是被贴了标签的南方系，还是在北京，还要跑中央和国家部委。

除了去某部委参加新闻发布会而没进门的经历，记得有一年我要写一篇某国家机关花了几千万财政钱修员工宿舍，发了采访提纲后，该机关的几位处长主动约谈我。谈了后，处长问：你还写吗？

我说：写啊，多客观的稿子啊，有我们的质疑，也有你们的回应。

他说：那你等一会儿。

过了一会儿，我就收到了不写的通知（办事效率真高），在处长们得意的眼神中灰溜溜地离开这座大楼。

然后，我捏了一个自认为是软柿子的硬柿子，写了一篇某单位花了几千万财政钱建员工宿舍。结果某单位很生气，说小小南都胆敢破坏中央形象。

后来，我就开始琢磨：什么稿子能发，又不新华社？再后来我知道了：稿子可以尖锐，可以敏感，但是没有突破这些部委的底线，一般能安全见报。

久而久之，我就知道了一些部委的底线在哪里。

比如，对于军方部门，你可能不能问你们的“三公”经费为啥不公布？但你当然可以直接问，你们到底有没有建第二艘航母？到底准不准备建海外军事基地？

又比如，对于纪检部门，你可能不能直接问，同级纪委怎么可能监督同级党委，你们制度设计是不是有问题？但你当然可以直接问：我国的官员财产申报制度什么时候才能实现？

知道了底线之后，我就每次给他们发一些问题尖锐而不突破底线的采访提纲。

他们可能觉得你讨厌，但转念一想，觉得“这几个问题还是可以答一答的”，“答了还能体现我们公开透明”，于是就回答了。

久而久之，一些部委也就熟悉了我的风格。据说，某个部委的新闻发言人，一个有国外留学经历比较开明的官员，觉得我的这些问题能给他们在面对外媒前练兵，每次开发布会前都要问工作人员：南都要提什么问题？

还有一次，一个很受国内外关注的部委要去国新办开新闻发布会，工作人员来问我：“如果你是外媒，会提啥问题？”这多好办！于是把我感兴趣又突破了底线的问题都提一遍。

大家感兴趣的点当然都差不多，所以到新闻发布会上，这些问题不少都被外媒问了。现在这个部委每次要开发布会，就有工作人员来问我要问题。

还有一个部委的官员，有一次听说我是南都的记者，说：我最喜欢点你们南方的记者提问了，你们的问题都很能体现回答者的智慧和水平。

这个高度总结得真是好啊！

所以以后，每次我提了一个很不好回答的问题，都要跟对方说明：这是为了体现你们领导的智慧和水平啊！

自我表扬了半天，其实跑部委的过程还蛮痛苦的，近年来，南方系被标签化越来越严重，要扭转形象很是不易，而且作为一个爱纠结的女人，我还要常陷到自我怀疑的逻辑中去：

如果你完全和这个部门不熟，他们在忙什么你可能都不知道，要质疑对方，可能会质疑得不专业，甚至相差十万百千里。但如果对方和你很熟悉了，你监督对方的立场可能就不坚定。当然，一个地方都市类媒体，要监督人家中央部委也监督不来。

（作者系南方都市报记者）

围观
彭美
3

彭德怀的彭　美丽的美

张　璐

前几天，高贵冷艳的某部委发来了一封感谢信，指名道姓地感谢彭美记者在跑线工作中的杰出表现。这封感谢信在部门传阅了一圈后将我们订上了“耻辱柱”—— 线跑成这样才能叫跑通了好吗！

故事得从两年多前的某天说起。突然有一天，一向休闲风的彭美姐穿起了近十厘米的高跟鞋，健步如飞、如履平地，立即要求我们叫她“平地姐”。

平地姐踩着高跟鞋“噔噔噔”地开疆扩土，很快啃下了上述部委。接着，该部委的新闻频繁出现在本版头条。这背后的沟通、奔波与付出平地姐只字不提，只是八卦地和我一起盘点这个部门哪个年轻人最帅，两眼放光。

那时我还是没有什么工作经验的新人，忽然被撂到北京这个大官场里，听平地姐打电话是我的第一课。“聂处，我是南都的彭美，彭德怀的彭，美丽的美……”语速要慢，语气要缓，不卑不亢又要透出亲近感，不是朋友间随意的那种，而是你对你的远房小表弟或小表妹说话的那种，循循善诱的亲切感。

和官员聊天也要学。我和平地姐一起跟一个陌生官员坐着，我叫了趟服务员回来，她和人家已经聊到最近孩子上医院看病的问题了，就这么迅速！

当然，在北京做时政，苦日子是常态。周末假期各种节日的晚间，焦虑无比的编辑在打了一圈电话后暴躁起来：都在外面，中央刚下发的新规定谁解读！！群里总会默默地跳出一行字：我来写下吧——平地姐无疑。通常在记者里，我们做错事的检讨是她写的，最难搞定的人是她搞定的，最多的委屈是她忍下来的。用不停地吃亏来学东西，恐怕只有她还一路兴高采烈的。

被部委无视了，稿子写不出来了，吃闭门羹了，她面带狡黠地教给我减压大法：奔到电梯的监视器前，对着摄像头大喊：老娘有的是钱！我想

@葛倩：客观的说，"白富美"三个字，彭小美只因其名字可以挂钩其中一个（不然完全不挂钩），但就是凭着这么一个黝黑而不纤长的小身板，她硬是在帅哥云集的国防部、中联部等部委里穿梭得游刃有余，独家消息搞得盆满钵满。生活中的她是怎样我并不太清楚，因为印象中她似乎没什么生活。以至于我常常会想，如果上天再给她一次机会，她一定会嫁给报社而非男人！

大楼的监控室保安小哥已经爱上她。

我们习惯把这种时刻的她叫"彭小花"。

大家一起出去玩，她剪个波波头再别上朵小黄花，脸上带着天真笑容装得比我们年轻多了（可是她是我们那里最老的女记者）。卖萌装傻样样精通，她的人生原则基本以自嘲、自损和自黑为核心内容，她的糗段子也深受广大人民群众的喜爱。

据说，有一次，彭小花毫无任何征兆地一夜未归，第二天，手机也一直关机。吓得陈先生只好问我们的部门领导虞伟："你知道我们家彭美去哪儿了吗？"

虞伟呵呵一笑："她去海南出差了，现在应该在法院听庭呢。可能忘了跟你说了。"陈先生这才放下心来，原来自己的媳妇儿没跟别人私奔。

彭小花酒量很差，可是每次到了必须喝酒的场合，她都毫不含糊，她的法宝就是：要在气势上战胜对方。据说，有一次酒局上，她拿了满满一大杯酒走到对方面前："来，咱们走一个。"对方一看，派出的这是女中豪杰啊，立刻说，那咱们意思一下吧。后来，彭小花说，其实那一次她才知道，原来"走一个"是酒界行话，代表着要喝完！%&*￥#……

由于我少数民族的身份，每次出入境，都要被盘问一番，我对此深恶痛绝，次次都摆张臭脸给安检人员看。去年的一次，我和彭小花出差归来，又被拦下来盘问，我正要生气，彭小花笑嘻嘻走过来了，很贱地对盘问小哥说："你知道吧？我俩特别的有钱，每年都要出国大采购，要不，我们的钱花不完。"

她不快不慢地说完，盘问小哥羞赧地笑起来，连称"欢迎欢迎"放我们入境，事后我们笑作一团。我想，只有真正的女屌丝才有说这种话的底气和气势吧。

正当彭小花春风得意地享受着踩着高跟鞋的日子，怀孕的消息着实改变了她的生活。高跟鞋得脱，工作量得减。可大家就眼看着她又转眼间不声不响不抱怨地就完成了怀胎十月与一朝分娩的人生大事。期间，她端着九个月的肚子去跑发布会，着实吓着了那些部委的同志们，个个小心翼翼，照顾有加。她抱着大肚子写的稿被我们预备起来，在分娩那天发上报纸，署名是记者彭美，实习生沉甸甸。

如今的彭美成了沉甸甸妈，她的糗事段子中又多了沉甸甸的故事。她还是平地姐，也还是彭小花。

我们的部门领导虞伟说，你看人家彭美，轻轻松松把稿子写了，轻轻松松和官员成朋友了，轻轻松松把儿子生了。

可谁都知道，在北京这个让人喘不上气的城市里，哪有那么多轻轻松松，比如这一刻，外面天色早黑了，彭小花还在办公室里，顶着一头铁锈红的头发，在电脑前噼噼啪啪地敲字呢。

（作者系南方都市报北京新闻中心记者）

曹轲点评 关键词：到位

做政治新闻时局报道的难度，绝不亚于深度调查。后者可以卧底暗访，前者不能。后者报料无数，前者罕有。尽管有所改观，在中国要见省长市长，有时比见香港特首外国总统还难，何况北京的部委办。在媒体应该发声的时候，有为而不缺位，而且不越位不错位，记者彭美绝对到位。

汤凯锋

地道的客家男孩，性格内敛，劲头十足。为人温和，作品凶猛。入职三年半，一直默默地冲在新闻一线。工作有大局，作风扎实，锐意进取。在新闻职场上，曾获广东新闻特别奖、广东新闻二等奖等荣誉，十数篇报道、内参获得省领导批示。生活中的他，喜欢打球、练字、下棋。

年度记者

感恩南方　珍惜南方

坚守

2013年度记者　入选理由

南方日报机动记者部入职三年的老黄牛，诸多难度颇高调查报道的主攻手，勤勉，拼搏，务实，低调，常工作致错过夜班车而睡在办公室，为了工作过家门也没看望家人，面对纠结困惑，有心思也有诉求，但总能明事理，知轻重，看长远，因而有一种与年龄不太相吻合的理性和靠谱，渐渐成为机动团队的顶梁柱。

记者感言 1

一

前不久，南方都市报一位司机打电话告诉我，他到粤西某地出差，当地一位人员搭他的便车，不经意间谈起我，这位人员突然说了一句："这个汤凯锋，饭也不吃，钱也不要，他到底想要干什么！"

因为缺车，跑突发经常没车，尤其是值夜班时，一人总觉得孤单，不安全。因此，我经常蹭南都突发的车，他们都很好，从不嫌弃我这个"外人"，还把我当成"哥们"。给我打电话的那位司机，就是好哥们之一，他笑着说："听到是自己的兄弟，感觉非常自豪。"

同行的话，让我想起了2011年的一篇舆论监督报道。一天，我和农村报记者刘龙飞到粤西某地采访，我们坐上一辆农村大巴，途经一个与广西交界的镇时，车外那条黄色的河吸引我们的视线，新闻敏感告诉我们，这里一定有问题。

我们决定下车，沿着河流去村庄走访。果然，河流上游，隐藏着数十个非法采矿点，村里几千亩农田被毁，村民一直上访不止，一位村民的儿子因不同意耕地被占反抗，竟然被打死，听说我们是记者来暗访，村民竟然跪在我们前面，泪流不止。

几经周折，稿子最终发了，一个版，封面配一张大图。报道引起当地政府的震动，那天早上，新闻秘书给我打电话，说市委、市政府高度重视，都在开会商量如何解决问题，希望我可以过去做个追踪报道。我立即坐上大巴去做追踪报道。

那天晚上，我记得非常清楚，一位官员坐在我身边，看着我写稿。看得出，他担心我追踪太猛，当地顶不住要处理人，他压力也很大。尽管我多次强调，让他放心，但他还是不肯离开。期间，他先是塞过来2000元，我推了回去，他又增加到5000元。我告诉他，我拿了回去也要交给纪委，还要说是谁给的，他这才把钱收回去。但他还是趁着我打电话离开时，放了2000元在我包里。我回到广州后，马上跟领导汇报，把钱交给了纪委。

其实，那位人员之所以这样说我，主要跟我这篇舆论监督报道的采写经历有关。我写这个细节，并不是想说我自己有多自律、多高尚，而是作为省委机关报，我们究竟需要怎样的舆论监督报道？

有同行看了追踪，说我太软弱，不够猛，人家不畏。实际上，入职以来，我也听过不少同行讲述他们的采写故事，其中，不乏因为一篇报道，放倒一些官员的。而我每每听到这些，内心总会有一丝疑问：难道舆论监督报道非要处理人，才能体现影响力吗？

舆论监督的大方向非常重要，方向不准确，定位不明确，我们就会在采编环节中遇到各种矛盾，由此带来的麻烦也十分消耗人的精力。在我看来，我们做舆论监督报道，初衷不能是“搞谁，搞谁”，也不能为了满足内心的成就感，而过度追求报道的轰动效应。报道还是要回归到工作上来，回归到解决问题的大局上来。

入职以来，我也听过不少同行讲述他们的采写故事，其中，不乏因为一篇报道，放倒一些官员的。而我每每听到这些，内心总会有一丝疑问：难道舆论监督报道非要处理人，才能体现影响力吗？

机动记者部成立以来，经过多年探索，确立了舆论监督推动科学发展的理念。在此前提下，舆论监督报道整体保持平稳，既推动解决了不少问题，也提升了南方日报的影响力，没有给报社添麻烦。从这个层面来看，无论舆论形势如何变化，党报都有必要也可以搞好舆论监督报道，只是我们的舆论监督需要更精准，要围绕党委政府的工作大局，以建设性的报道推动核心工作。朝着这个大方向走，我们也许能更好地避免毙稿的情况，我们也不会因为一篇稿子发不出，而郁闷难解。

二

既然是总结年度工作，我还是回顾自己的2013。

3月，北国风寒，两会花开，我有幸参与全国“两会”报道，尽管没有采访证，每天和保安斗智斗勇，一度被逮住写保证书，但有生能参加采访“两会”，尽力突破，留下一两篇让自己记得住的报道，已不易。

4月，雅安地震，我和部门同事后方联动，配合前方做好地震报道，记录《穿越灾难，我们从汶川到芦山》的历史。

5月至7月，南方水灾频发，我与同事辗转清远、梅州等地，突破水灾来得快去得快的特点，驻扎灾区，打通“突发—调查—通讯—内参—论文”的报道链条，探索突发新闻报道的南方速度、宽度、厚度与高度“四度”操作创新。

还有，5月底，深圳两处千年文化遗址遭到破坏，我辗转采访，发了内参，惊喜的是，一向很少批示的省委书记对此作了批示。深圳文物保护学者随后致电，称政府已采取保护措施。

8月，全党兴起群众路线教育实践活动，我们结合社会热点难点问题，从弥合干群鸿沟的角度出发，策划“我是谁”的系列报道，我跟着韶关第一大镇的书记，一起维稳，一起喝酒，这段经历让我深深感到，基层确实不容易，我们做舆论监督报道时，是否可以尽可能地倾听基层的声音?

报道引起乡镇干部的关注，我又张罗了一场乡镇干部座谈会，受邀的乡镇干部很热情地参加座谈会，畅所欲言，我心存感激。

9月，频频袭粤的水灾暴露了广东农村泥砖房的问题，省委书记胡春华指示要想办法解决泥砖房问题，我和部门同事分赴粤东西北，调查全省泥砖房的现状，组织网络访谈，为解决问题提供决策参考。

10月，“枫桥经验”成为全国关注热点，我来到浙江省诸暨市枫桥镇，用“等”、“蹲”、“守”等最笨的办法，打动了当地的官员，还原典型经验的真实一面。

12月，和要闻同事一起采访

代表作品
2

作品名称：“你说有刁民，我是不相信的”

刊载媒体：南方日报

发表时间：2013年8月12日

作品影响：在全党兴起群众路线教育实践活动时，“我是谁”系列报道，以体验式调查真实架起干群相互认识的桥梁，在干群之间找准平衡点，报道引起干群热议，对推动干群互动，弥补干群鸿沟，具有深远意义。

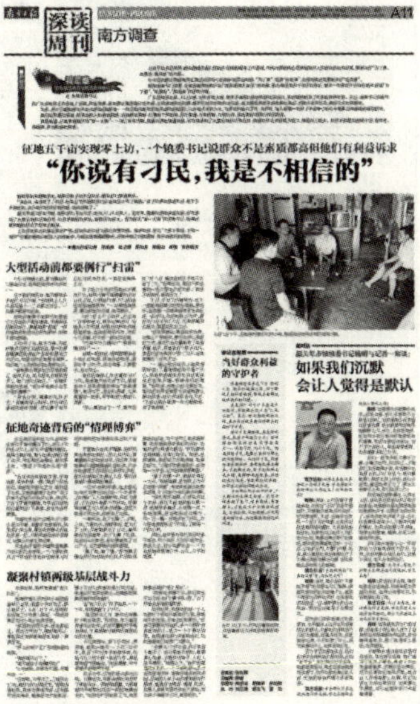
A11
深读周刊
南方调查
征地五千亩实现零上访，一个镇委书记说群众不是素质都高但他们有利益诉求
“你说有刁民，我是不相信的”
大型活动前都要例行“扫雷”
征地奇迹背后的“情理博弈”
凝聚村镇两级基层战斗力
当好群众利益的守护者
如果我们沉默会让人觉得是默认

代表
作品
2

作品名称：农村泥砖房整治已箭在弦上

刊载媒体：南方日报

发表时间：2013年9月24日

作品影响：频频袭粤的暴雨暴露了广东泥砖房的问题，广东农村泥砖房调查，再次让人感叹广东区域发展不平衡的严重性，认识到缩小区域发展的重要性。泥砖房调查的内参获得省委书记批示。

深读 INSIDE 政经大视野 A14

经过10余年努力，广东泥砖房比例已降到农村总户数两成以下，仍有150多万户

农村泥砖房整治已箭在弦上

比例小 数量大

规划差 隐患大

住户穷 改造难

投入大 考财力

凝聚合力 打好攻坚战

周边国家，有生第一次出国，飞往"神奇的印度"，认识到印度的差距，欣赏那深厚的文化底蕴，和不急功近利的民风。

还有很多东奔西突的日子，早已被繁忙模糊了记忆。其实，采写不是最辛苦的，采编协调才最考验人。很多个深夜，交完稿子后，我得守在电脑边，和编辑对接，盯最新版面，第二天又得早起奔跑。我不否认，记者方方面面都做好，稿件见报效果肯定会好一点。但我想，社会毕竟有分工，如果采编分工到位，操作更加专业，版面多一些保障，记者的痛苦是不是可以减轻一点？

还有一个困惑是，我们是没有线的部门，每做一篇报道，都可能会与兄弟部门有一定关联，我们尽量与跑线记者互动合作，但有时也存在疏忽，或为挣点稿费存在私心，当我们的报道"踩线"时，兄弟姐妹可否网开一面，让我们少受一份写说明的痛苦？

其实，每一次匆忙的出差，都感觉像是打了鸡血，稿件见报的时候，虽仍会有些许成就感，但辛酸感同样强烈。

三

这种辛酸感在2013年越发强烈。或许是因为这一年，我感觉工作量比2012年还大，但在传统媒体下滑的大环境下，我的收入渐渐下滑。

既然感到辛酸，为什么我还像打了鸡血一样，拼命奔跑?

部门有同事聊天时，常称我为“老黄牛”，有同届入职的同事，相聚时也感慨我的折腾精神。

其实，他们不知道的是，支撑我奔波的，是家的信念。

我家在蕉岭的一个山旮旯，离县城 20 多公里。父亲已 60 岁，还种十多亩地，因为以前家庭责任重，农活又辛苦，父亲脾气比较暴躁。他一直希望我走出农村，实现一家人的城市化。我工作后，他不愿放下农活，心里还放不下一块石头，就是尽快帮我成家。

而 2013 年，经过前三年的勤俭，我在离报社 30 多公里外的花都买了房，算扎下了根。但摆在我面前的，是人生的另一道难题——成家。

所以，为了家，我只能是勤奋工作，希望每月还完房贷后，还可以存下多一点。

我的这个经历，并不特殊，很多人可能都经历过，或正在经历着，或许这是人生必经的一个过程。其实，对我来说，能够走出农村，三年前有幸被南方日报看上，进入省委机关报工作，又通过三年的努力，在城市扎下根来，已是十分不易，我感恩这个平台，也倍加珍惜这个平台。我会继续努力工作。

2014 年，尽管不少人对传统媒体持悲观态度，但我始终坚信，引领推动时代变迁的笔杆子，肯定不会因为媒体市场格局的变迁而失去阵地。只是，现实的环境倒逼着我们确实要加快转型步伐。

实际上，这些年来，南方日报一直在转型，机动记者部顺应不同阶段的舆论走势，业务也一直在创新，从成立之初的深度、突发新闻，到坚持南方深读，探索大内参，成立新媒体突击队，再到今年大力推进的南方舆情，传统的新闻业务一直在转型升级。

而我们机动部的每一位成员，都没有停歇过脚步，面对每一个新业务，都在做好核心业务的同时，加班学习创新，着实辛苦。

获荐年度记者，我有点惭愧。抛开集团各报优秀的新闻人不说，光看我们机动记者部内部，无论是老一辈的赵佳月、徐剑桥、张鹏，还是杨大正、赵洪杰、徐滔，抑或李秀婷、闫昆仑，他们都是我不断学习的榜样，我觉得自己难以承受这份荣誉。

但我同意了部门的推荐，因为对于我们这个保存理想艰难前行的年轻群体来说，这个荣誉，或许是支撑我们坚定脚步向前闯的动力。

（作者系南方日报记者）

围观凯锋 3

他不卑不亢沉着理性

刘龙飞

和凯锋相识是 5 年前在他的老家——梅州蕉岭，当时还在读研究生的我，由于参加了学校的一个学术研究课题，在蕉岭调研了很长一段时间，期间，南方日报对我们的课题很感兴趣，派出几位记者前来采访，于是，我便成了介绍课题情况的“发言人”，而在前来采访的记者中，就有当时还是暨南大学新闻学系学生、正在南方日报机动部实习的汤凯锋。

稳重、谦逊、认真，是凯锋最初给我留下的印象，虽然充满好感，但却并不深刻，那次采访之后，我们联系不多。一年之后的 2010 年 7 月中，当再次和凯锋相遇的时候，地点已经变成了广州大道中 289 号，我们的身份也变成了南方报业传媒集团的“准员工”，他进入的是南方日报，而我即将供职的是南方农村报。

虽工作于不同纸媒，但作为 2010 届校园招聘的员工，新员工需要经过一个月的入职培训，巧合的是，培训时我们又被分到了同一小组，这让我们很快熟悉了起来。入职培训期间大部分时间都是在讲授各种新闻知识、新闻采写理论等等，这对我这样非新闻专业出身的人来说，既感到采写的新鲜，也感到理论的空洞，于是，与学新闻“科班出身”、在南方日报机动部实习了近一年、已经独立做出多篇重磅报道的凯锋进行交流，便成了我熟悉这个行业的重要渠道，凯锋对我和像我一样的新同事几乎是有问必答，非常热心，他对采编流程的详细介绍，对新闻采写的理解，让我们受益匪浅。

凯锋是一个聪明、有才气的年轻人。在进入南方日报社之前，他大学期间曾无比辉煌：作为暨南大学新闻学系的学生，四年学习成绩门门都达到了优秀；在认真钻研专业知识的前提下，大学期间还修了一个法学学位，成为“双学位”学士；进入南方日报实习一年，他很快在报社老师的指导下做出了很多高质量的报道，甚至成为了部门的骨干记者。

虽然“才气侧漏”，但在凯锋身上，却找不到“傲气”，无论是做事做

胡念飞：一名非常靠谱的南方年轻资深记者。有爱心，有智慧，有能力，有毅力！生命不息，奋斗不止，无论是火灾现场还是洪灾、地震现场，只要他出马，再急再难险重的报道肯定漂亮完成！可谓新时期南方青年记者的典范和标杆，他就是我们的小汤，汤凯锋，一位爱家爱国为人民服务的好青年。

人，他都有自己的原则，再小的采访，他也必定认真对待，无论面对身份多高或多低微的人，他也表现得不卑不亢、沉着、理性。入职三年多时间来，我和凯锋有过很多次合作采访。有好几次我们在采访中遇到了受访者高高在上、故意刁难的情况，当我忍不住想发火，想摔门而去的时候，凯锋总是能控制住自己的情绪，用理性去对待问题，甚至有时候他会尝试用诚恳的态度去打动受访者，让受访者改变最初的态度，奇怪的是，他这种“以柔克刚”的做法竟然屡屡见效。

作为农村出身的人，凯锋对农村也有深厚的感情，他多次主动找农村报合作去采写新闻，有时候愿意把自己找到的“独家”新闻贡献出来。当然，去农村采访的辛苦不言而喻，很多采访都需要深入村里，这就往往要辗转坐大巴、农村公交、摩托车，有时候甚至还要走路爬山。

“优秀是一种习惯”，优秀的背后，往往是艰辛的付出，以及对工作的精益求精。2012 年 2 月，当时大概还是正月初八，上班的第一天，一大早我就接到了凯锋的电话，他邀请我一起去雷州了解当地村民砍甘蔗，当地糖厂垄断收购、压价的行为，还没从假期恢复过来的我很有些犹豫，最后还是抵不住他的诚恳，和他一起坐了 6 个多小时的汽车，前往雷州进行采访。能随时调整好自己的工作状态，这是凯锋身上具有的良好品质，实际上，他是他们部门的“劳模”，无论是跑突发、值班，还是各种新闻，他都非常勤奋，并总能将任务完成得很好。工作上的认真甚至是“洁癖”，是凯锋的另一个特点，好几次和他一起写稿，写完后他都要反复检查，如果投稿之后才发现稿子里出现了错别字，他甚至会为此不断责怪自己。

2012 年初，凯锋和我再次合作做了一个关于广东地中海贫血家庭的报道，在一个多星期的采访中，我们对清远、韶关、广州等地多个地贫家庭的生活现状进行了采访，每次面对这些采访对象时，凯锋都显得小心翼翼，仿佛生怕伤害了他们，采访中，他不时会被受访者的情况感动流泪，采访后，他甚至和我商量，一起准备一点小利是，对这些不幸的家庭进行资助，报道见报后，当地政府专门下拨了一笔基金，对地贫家庭进行长效的资助，知道这个消息后，凯锋告诉我说他高兴得一晚上没睡着。还有一个不为大家知道的细节是，2011 年国庆期间，他放弃休息的机会，采写坤叔助学的系列报道，在跟着坤叔去凤凰助学期间，他以部门的名义，认领捐助一名学生，尽管他 2013 年的收入下降得很厉害，但他还是想办法从微薄的收入中挤出助学的费用。或许，对他来说，除了坚持新闻理想外，对弱势群体进行人文关怀，也同样重要。

2013 年，对于我们这一届入职的南方人来说，大部分都迎来了三年的瓶颈期。这三年，我们迎来了不少新同事，但也目送了不少同事离开。我也多少受到影响，多少次出差感觉甚为疲惫，发稿的数量逐渐减少，收入自然递减。此时，还是凯锋给了我“正能量”，这一年，他跑完全国“两会”跑水灾，跑完水灾跑泥砖房，写完泥砖房又写“我是谁”，在收入降低的情况下，他依然折腾不止，我们一起聚会时，他说我们要感谢报社，毕竟这个平台让我们农村的孩子在大城市得以扎根，他说我们还需要勤奋。

（作者系南方农村报记者）

曹轲点评 关键词：坚守

坚守是壮志凌云，坚持是持之以恒，坚定是信心百倍，坚强是刚直不阿，坚韧是百折不挠，坚毅是临危不惧。这么多坚字号褒义词集于一身，可谓无坚不摧了。而坚与摧的矛与盾，正如社会的矛盾交错。磨砺而不磨损，磨炼而不磨失，汤凯锋固若金汤，赢得对手敬重，印证职业尊严。

田小蕾

外表强硬，内心柔软，还有着一股子坚持到底的韧劲。喜欢在业余时间到全国各地走走，去感受不同的文化。做记者，是一段历史的记录者，不仅要听，还要去看。

坚持做记者

专业

2013年度记者 入选理由

田小蕾的小方向,与理财周报“做中国最好机构投资者新闻”的大方向，平行向前：从对证券市场一无所知，到点评分析投资机构头头是道；从无知者无畏，到专业化采访写作……田同学深入挖掘股权融资全链条关系和利益链，“摆平”证监会人事、审核流程、IPO财务核查、发行定价、券商参与主体等各个环节和角色,为中国专业财经媒体“管窥”大市场,打开了一个观察窗口。

记者感言 1

不知不觉，做记者已有两年零四个月。刚来理财周报时，我记得有前辈跟我说过，做记者，两年是一个坎。而如今，我已经在不知不觉中地迈过了那道坎。

在这近两年半的时间里，我时常会反问自己：你还有新闻理想吗？其实很多朋友劝我，你何必纠结，你可以简单地只把它当做一份工作。但是6年的新闻教育，让我对这一点有着旁人理解不了的偏执。

作为“科班出身”的我，走新闻这条路，看来是顺其自然，实际也曲折迂回。

一

感谢我的父母，在那个父母还习惯于替孩子指路的年代，尊重了我的选择。我填了两个专业，律师、新闻。据我了解，全班70余人，我是唯一一个填写新闻专业的人，在同学和老师眼中，这似乎是一个前途并不明朗的职业。

我有过动摇。在研究生的那两年，“新闻民工”这个词汇，沉重地压在了每个新闻系学子的头上。市场化媒体不再是毕业时一个体面的offer，取而代之的是公务员、国企、机关报。尤其当你还是个女生，记者，甚至被视为是一个最差的归属。

庆幸的是，摩羯座的执着帮了我，我不甘心把“南方系”情节就此深埋入土。《南方周末》、《21世纪经济报道》，这些我剪报本里至今还保留的报纸，我很想去看看他们的真身。

总得在媒体行业混迹几年，才对得起那六年。但那时我不敢保证，我不是一个过客。

二

我承认，最初我选择《理财周报》，只是因为我想做财经新闻，此前我并没有对其进行过研究，也完全不清楚理财是什么风格。

去报到前，少不了一通恶补。手里拿着一份《理财周报》，心理是无数个惊讶。居然会有报纸卖6块钱，居然会有报纸会有US这样的板块，居然一个记者一周能写3篇深度稿，这些都超出了我此前对报纸的理解范围。

第一天去总部报到，恰逢周一开选题会。我穿着连衣裙，扎着马尾，安静地坐在沙发的扶手上，听着大家嘴里蹦出一连串我听不懂的词汇：基金、券商、股票、现金流、应收账款，越听越蒙，越听越怀疑自己，连介绍自己的时候都是瑟瑟发抖，语无伦次。

一年后，总部的汪老师再次见到我，感叹说，当初清纯的小姑娘，如今已迈入熟女行列。罗老师委婉些，说，姑娘，你长大了。

每接触一个新的领域，就如同再接受一次炼狱般的洗礼。没有资源，我只能不停地参加各种活动，疯狂交换名片，然后一个个发短信约见面，求指点。连睡觉时我都会琢磨，什么样的交流方式，才能让别人不拒绝我，直到接受我。

三

2011年9月5日，在北京金融街国企大厦4层，我见到了滕晓萌。我没有想到，这样一个声音婉约的女子，会在我日后的工作中，给予我如此大的能量，总能敏锐地在我想退缩的时候，拉住我。

“新闻系出身”，有时候并不是一个褒义词。比如，你能想象一个连主板和创业板都不知道是什么的人，去做上市公司报道吗?

还好罗老师告诉我，没关系，我们愿意在白纸上作画。

压力，仍然是前所未有的压力。研究生这个名头，已经成为我的负担。尤其是当我知道我口中喊的“小朱老师”，居然是一个88年的小孩。我的年纪，已经不愿再等我慢慢来。

一开始，我被安排做公司新闻。年报、财务报表、净利润、营业收入、现金流、应收账款，这些陌生的词汇一股脑地蹦出来，让我应接不暇。甚至拿起电话，我都不知道要问什么。

第一个独立操作的稿子是《庞大花光60亿再发债38亿》，那时不光是对财务运用，对汽车经销商的模式也是一窍不通。

于是，只能硬着头皮去找券商分析师了解情况，请教那些财务关键词都代表什么，然后不分白昼黑夜地把同行报道翻出来，寻找突破口。

闲聊的时候，经营的同事笑说，你电话采访时，全办公区都是你的声音。继而问我此前在哪个媒体工作，我说我响当当一枚大龄应届毕业生，他说不像。其实他不知道，我习惯于用音量来掩饰内心的慌乱。

将近有半年的日子，我不曾跟同事一同吃午饭，习惯于在铺满报纸的办公桌上，边吃饭边看材料。

那段日子，我的生活很简单。来回于单位和一间十平米的房间，每天一个多小时的路程，一天给自己定了上、中、晚三班。那时候，虽然床小，但睡得十分安稳。

代表作品 2

作品名称：证监会史上最大调整：肖钢重构核心职能体系

刊载媒体：理财周报

发表时间：2013年10月14日

作品影响：独家报道证监会人事变化，以此来反映在证监会转变职能的背景下如何重构核心职能体系。

Moneyweek Institutions
机构投资者
独立资源
A24
2013.10.14
证监会史上最大调整：肖钢重构核心职能体系
重监管轻审批，先做减法，冯鹤年将任山东证监局局长，李量将任职投保局
十二年来最大调整
/A25

四

怎么找选题，我用大半年时间都在头痛这个问题。上千家上市公司，不计其数得的公告，如同无头苍蝇，完全找不到方向。

第一次蜕变是被派到河北曹妃甸工业区调查中粮屯河的精炼糖项目。第一次出差，真正体会到调查记者的艰辛。

曹妃甸工业区，渤海里的一座小岛，岛上居民习惯把这里熟悉的地片儿称作为“加”，零加、一加、二加……每加相差一公里。

由于地处偏远，很难找到住宿，所以三天时间里，我每天来回于曹妃甸工业区和唐山市。每天吃早饭时都多买一个饼，装在书包里，当做午饭。

我跑了两天，包了两辆车，一遍一遍地打听，在土路上一遍一遍地折返，几近晕车状态，连出租车司机都劝我放弃，我仍然坚持，终于找到目的地。

我开始渐渐懂得，从哪些途径，可以看清楚一个公司，了解透一个项目。

接下来有了第二次、第三次，到通化调查通化金马毒胶囊事件，在门口苦守 3 天未能入门，截稿前 5 小时终于接到董秘电话，真心体会到什么叫柳暗花明；在长春调查长春高新艾滋病疫苗项目，在多方拒绝采访的情况下，执着地用蹲守的方法等到项目负责人。

第二个蜕变，是 2012 年 5 月，带我入门的师傅任家河离开，我大哭一场。还没有习惯离别的我有点不知所措，这也意味着我要独立承担一个条线，不会再遇到问题时可以转头向救星求助。

也就那时开始，我觉得我开始真正成长。那时我对自己的要求是：无论几篇稿子，周三前必须完成全部采访，周五中午前交稿！采访无论是否事先联系好，只要到现场肯定有收获。几个月下来，我的体重径直掉到 95 斤。

那个时候，我的重心开始偏向券商。经纪业务、投行、资管、自营，这些以前偶有涉及，但又浮于表面。

成熟一点的我很明白，做机构，最重要的就是资源。

每接触一个新的领域，就如同再接受一次炼狱般洗礼。没有资源，我只能不停地参加各种活动，疯狂交换名片，然后一个个发短信约见面、求指点。连睡觉时我都会琢磨，什么样的交流方式，才能让别人不拒绝我，直到接受我。

我曾经不只一次在晓萌姐面前怀疑自己：“我什么时候才能涅槃？”她总是很有耐心地安慰我别着急，并在适当的时候告诉我：你的问题就是不够自信。

我承认，我有女汉子的外在，但却缺乏一颗强大的内心。于是，我经常用“京城名记”来鼓励自己，用“美貌”来麻醉自己，游走于圈子与圈子之间，也渐渐有了我的圈子。

五

第三次蜕变，我感谢罗老师，给我指出了入口。之前报纸极少涉及关于证监会的报道，罗老师问我：小蕾，你有没有野心。

接下来四五个月的时间，每周一篇，就连休假的时候都没有间断。从交材料、见面会到发审会，再到后面的复盘 IPO 财富核查，每一个环节，每一个细节，都需要像制作电影一样要形成一个个片段。

有好几次，我引以为豪的韧劲差点被击溃，我惧怕每周重复给几个采访对象打电话，小心翼翼地琢磨着他们的态度，也曾被他们不耐烦的回复折磨得失眠。

《紧急 14 天：独家复盘首批 IPO 现场检查全过程》，在我看来，这是一个不可能完成的任务。怎么会有企业，愿意跟记者分享被检查的过程呢？二十几个电话，5 封邮件，无任何收获。

又是一次绝处逢生。截稿前一天下午 6 点，公司的一封邮件、一个电话解答了我所有的疑问。

要真心感谢那些尊重记者的人们。

从家河走后，直到现在，已经有 3 名同事相继离开。我渐渐学会怎么面对这种离别。有时候自己难免也会想，能否打破两年魔咒，还能坚持做下去？

但后来我发现，这个地方有种魔力，让你又爱又恨，不能自拔。它的魔力在于，总能给你一次次突破自己，创造奇迹的机会。

最后，我想对自己说，继续做记者，坚持做记者，接受下一个两年的考验。

（作者系理财周报记者）

围观
小蕾
3

姑娘小蕾

滕晓萌

因为种种原因,我在晚上 12 点才打开 word,准备完成《南方传媒研究》交代的任务。

看见腾讯通上小蕾的头像还亮着，我说，“半夜三更你在干嘛？”

她很自然地说：“写稿的噻！”

这才是周二晚上，离理财周报下一次付印还有整整三天。事实上，绝大部分记者都还未进入写稿状态。理财周报采编部门，仅有三人在线。

一个月前，我刚刚写了一篇有关于她的 US，题目也叫“姑娘小蕾”。开头是这样的：

“最早是行政问我说，有一个集团招聘的姑娘，山东的，希望留在北京工作，可不可以来理财周报？”

“第一次见面，我想，好长的腿！”

一

毫无疑问,这位腿长长的姑娘是一位美人。以至于进入报社两年之后,还有同事问：“小蕾，你长这么漂亮，采访对象是不是都好爱跟你聊天？拿料很容易的吧？”

但其实 2011 年下半年，她刚刚进入报社时，相当焦虑，和大部分新记者一样，她的本科和硕士阶段学习都与金融没有关系，老师传授的采访技巧在刁钻的公司高管面前全无用处。

几乎每隔两周，她就会问我：“你看我能怎么改进呢？为什么这么吃力？”

每一次，我都说：“我觉得你很好啊，一切都在节奏上，没什么特别要改进的。”

但是她就是不信，很焦虑地每天加班。

@郑鹏元：一个出色的记者不仅能完成好自己的业务工作，更能用经验与精神影响别人。在过去一年中小蕾对于机构与上市公司的理解帮助了北京新闻中心出色地完成了证监会发审委系列报道以及长春高新艾滋病疫苗调查等重大新闻报道，她的一丝不苟与不轻易放弃的精神给每一位同事传递了正能量。

小蕾的第一个条线就是券商。刚进报社的时候，有一位老记者任家河带着她，一切看起来似乎还好。所以她初期的稿件大部分是联合署名的。北京主要机构都有家河撑着。大部分新记者，会有半年到一年的成长期，慢慢形成自己的圈子、行业认知和报题思路。

但是半年以后，家河离职，我跟小蕾说，现在也没有别的办法，北京的券商机构以后你要一个人做了。

起码当时她表面是坚强的：继续报题又被毙、被分配到不认可的选题而不开心、在办公室绝望地打电话联系采访、直扑采访对象办公室也被拒……

在安排工作时，几乎没有人会注意到她还是一个美貌小姑娘。我们总是说，抓紧时间啊，赶紧去赶紧去。每一次她都一声不吭、转身坐下就开始地订票。

就这样，她一次次地去通化、曹妃甸、长春，每一次都在一片空白里寻找采访对象、苦守、纠缠。当她终于能从各种人手里拿到一些料，终于相信自己还有不错的现场突破能力，才慢慢建立起对于这个职业的信心。

二

小蕾真正在理财周报获得肯定的，其实是有关证监会的一系列稿件。

2012年底，IPO暂停，大量的财经媒体，一时找不到一个好的报道角度，在短暂的猜测之后，重归沉寂。而相关的投行机构，也迷茫不知所措。

一次选题会上，当时还是执行主编的罗周说："小蕾，我们来做一些基础性质的事吧。比如到底一家公司上会要经历几道门槛？面对几次预审？预审和发审会提什么问题？证监会到底哪个处在做这件事？他们处有几个人呢？"

管小蕾叫"姑娘"其实是从罗老师开始的，在他的眼里，全报社的女记者女编辑都是"姑娘"，既让人信赖，也让人操心。

罗老师的灵机一动，诞生了财经媒体史上几乎是前所未有的报道模式：连续十几期，理财周报机构投资者的头版，都是田小蕾撰写的机构报道。报道中没有新闻，没有提及 IPO 暂停，没有猜测，只有一个一个的细节故事，告诉外界在中国，一家公司如果想要上市，会遇到什么？经历什么？

因为没有人做过，小蕾操作起来堪称痛苦。大部分采访对象，根本就不能理解为何有媒体要做这样的报道。尽管每一篇稿件，都是同一件事的一个小环节，但是写作时，还要刻意回避用过的情节和资料。

当时她的条线资源还不够多，很焦虑，跟我们说："我就认识那么几个人，他们上周都谈过了，怎么办怎么办？"

也是操作这组稿件的时候，本来就身材苗条的小蕾明显消瘦。身高快 170 的姑娘，体重不到 100 斤。她不管这些，每天顶着两个大黑眼圈在办公室嚷嚷，"怎么办怎么办？"

但是这组稿件无疑是成功的，无论从网络传播还是业界反响都相当不错。

也就是这个时候，罗老师在电话里欣喜地跟我说："哎呀，小蕾这个姑娘上道了。"

（作者系理财周报执行主编）

曹轲点评　关键词：专业

于专业有敬畏，于职业有敬爱，于行业有敬献。其中体现的专业主义，来自三方面的评判：专业精神、专业生产、专业表达。理财周报主编罗周描述过的数据模型和实验室计划，南方周末陈斌的技术分析，南方报业力推的舆情系统，均指向专业化。田小蕾之敬业，执着于此成就于此。

王伟正

广东梅州人，出生农村。2011年毕业于中山大学人类学专业，读书时因专业要求，常年行走在田野之中，对农村有着特殊的感情。毕业后在农村报工作，与“三农”结下不解之缘。

为农民说话，为“三农”呐喊

运气

年度记者 2013 **入选理由**

这是个厉害的箭手。他总能通过观察蛛丝马迹发现，或者利用猎犬找到理想猎物，并且总能选准最佳位置，瞄准猎物的要害部位满弓施箭。当记者两年，王伟正以一篇篇“李菊福”署名的调查报道在圈子里建立了地位，并且越来越让人刮目相看。

记者感言 1

2013年底，中山大学传播与设计学院的张志安老师到南方报业讲课，期间提到一点，大意就是说，目前宪法上仍号称是以工农联盟为基础的中国，工人和农民还能有多大的机会在媒体上发声？答案大家都清楚，工人和农民即使出现在媒体上，很多时候也是以一种弱者的姿态，在一些党报中，工人、农民时常也只是作为宣传官方政绩的工具而出现。

而南方农村报几十年如一日，默默地坚守“专门为农民说话，专业为‘三农’服务”的理念，长期坚持为农民说话、让农民说话和说农民的话，八九十年代，在南粤城乡流行这样一句顺口溜：“广东农民报（1994年改称南方农村报），不看不知道，看过人人都说好”，鄙人正是在这样的背景下与南方农村报结缘。

我来自梅州山区，直到今天，南方农村报在梅州地区的发行量仍遥遥领先其他任何一份报纸，是当地民众最喜欢订阅的报纸。我读小学的时候，家里就订阅了南方农村报，可以说，南方农村报是我认识的第一份报纸。小时候不一定看得懂新闻，更不知什么是舆论监督，但知道村里有很多人都订这份报纸。大学毕业的时候，从来没有媒体实习经历的我，对媒体也没有太多的了解，更没想过要找和能找到媒体工作。但是，当看到南方报业来学校校园招聘的时候，居然有一个很熟悉的名字——南方农村报（之前我也并不知道南方农村报属于南方报业旗下的报纸）出现，让我感到很亲切。当时就抱着对这份报纸的特殊感情，以试一试的心态递交了简历，懵懵懂懂地就来到报社工作，眨眼间也有两年半时间。

辛苦但快乐着

入职培训一个多月后马上投入工作，记得第一次出差就是只身一人去阳春市深山的一个小山村，从广州坐车4个多小时到阳春城区，再从阳春转乘农村客运车，沿着惊险的盘山公路翻越几座高山，历经40多公里后到达镇上，再换乘摩托车走七八公里才到村里。在这偏远山村，中午想找个饭店解决吃饭问题是不太可能的，幸好被热情的农民朋友收留，吃了两碗白粥，填饱了肚子。第一次出差的经历代表了在农村报工作的常态，几乎每次采访都要经过一番长途跋涉，深入农村，聆听农民的述说，很多时候与农民成为了好朋友，南农也被一些同行称为“真正踏下心来走基层的报纸”。这些年全国都在开展“走转改”活动,在一次“走转改”的会议上，农村报的代表在发言中就打趣地“唱反调”，说我们走基层走了几十年了，应该多走高层路线。

农村报的记者常年奋战在最基层，尝遍各种艰难困苦。记得有一次在汕头，有一个村的干部背着村民，把集体的山违规建成上百座坟墓出售，并涉嫌谋取私利，村民一直举报当地政府在媒体曝光后假整改，并有专人在进山的必经之路上搭棚 24 小时看守，严防村民和媒体进山，此前有 4 家媒体在进山途中被围堵。我为了获取现场证据，凌晨 3 点起床，从汕头出发，在当地农民的配合下，绕路到邻镇冒雨进山，经过 2 个多小时跋涉，终于在凌晨五六点到了山边。从上山必经之路上放置的干净的茶具、水桶、碗筷、灶台来看，那里确实常有人看守，幸好当晚守山人不在，才得以山上。去到山上，看到大型豪华坟墓一座接一座，占满整个山头。也看到政府所谓的“整改”就是在坟墓前摆上各种花盆，遮盖墓碑。从山上下来我找到当地政府，当地政府官员一开始还对我说：“早就整改好了，全部复绿了，前几天还上山察看过，没问题”。看到沉默的我，当地官员注意到我的鞋子和衣服都是泥巴，猜到我已经成功进山了。有官员好奇地问我，“不是说有人守山么，你怎么上去的？”在证据面前，当地区领导主动找到我，表示区政府非常重视，将进行专题整治。

与会的多位学者批评道，一堆城里的人坐在一起讨论农村的事，而且不倾听来自农村的声音，试图按照城里人设计的思路去让农民搞建设，这样的发展仍然没有着眼于农村自身的发展，而是仍把农村当作城市繁荣的工具。看似关心农村，实际是一种思想殖民，是一种犯罪。

在农村报做记者虽然辛苦，但也快乐着。因为我们用自己的双脚走遍南粤大地，赢得读者的尊重和信任。在农村报工作两年，我走遍了广东 21 个地级市,全省 65 个县（市）也去过了 50 多个。面对我们的读者农民，他们经常说的就是“没想到你们那么了解我们这里”，有些读者对农村报的评价是“至少没那么假”。工作至今两年多，从全省各地源源不断寄给我本人的信件和材料，已经堆成了高高的一摞，虽然不是所有材料都有价值，但我把大部分材料都小心保留着，因为这些都是读者对我们沉甸甸的信任。

舆论监督帮农民

农村报虽然获得众多农民的信任，但在一些政府官员看来，农村报向来都“不听话”。因为在广阔的粤东西北地区，唯有南方农村报长期以来坚持做舆论监督，并且能在区域产生不小的影响。2013年，就是南方农村报多年来舆论监督的一个缩影。从春节过后，几乎每个月都有地方官员在农村报的报道中“倒下”，如揭阳27岁副县长、徐闻副县长、阳春市统战部副部长、紫金县教育局副局长、陆丰“坟爷”……无一不是由农村报率先报道而被处分的地方官员。南方报业老社长范以锦曾多次在不同场合发问，全国哪份报纸头版的舆论监督报道最多，答案是南方农村报。2013年，集团有领导也表示，一些地方政府对农村报的防范已经超过了对南都的防范。

我到农村报工作的两年多来，也一直坚持做好舆论监督的工作。2011年11月，我报道的佛山、广州、中山

代表作品 2

作品名称：河盗横行珠江 船家苦不堪言

刊载媒体：南方农村报

发表时间：2011年11月8日

作品影响：中央领导批示，广东省公安厅相关负责人特意前来向报社领导表达感谢。同时，省公安厅召集广州、佛山、肇庆等珠江流域的警方开展“整治珠江水域河道盗抢犯罪”专项打击行动。

南方农村报

新农村推动力

广州、佛山、中山部分水道治安力量薄弱

河盗横行珠江 船家苦不堪言

现状 水上窃案频频发生

船家 担心报警耽误交货

警方 少有船家配合取证

偷采稀土被埋 村民一死三伤

事发清新县禾云镇鹿田村，黑矿距镇府不足300米

代表作品 2

作品名称：陆丰数十干部截留种粮补贴被查处

刊载媒体：南方农村报

发表时间：2012年8月11日

作品影响：获时任广东省委书记汪洋等3位省领导的同时批示，随后陆丰市纪委认定2个镇共11个村的种粮补贴发放存在严重违规问题，对两个镇分管农业的镇领导作出党纪处分，对11个村的支部书记、主任撤销党内职务并立案查处，对当地农信社主任给予撤职处分。

时事

南方农村报反映陆丰种粮补贴乱象获省领导重视——

陆丰数十干部截留种粮补贴被查处

等地珠江流域河盗横行，过往船家苦不堪言的情况，受到中央领导的批示，广东省公安厅相关负责人特意前来向报社领导表达感谢。同时，省公安厅召集广州、佛山、肇庆等珠江流域的警方开展“整治珠江水域河道盗抢犯罪”专项打击行动。2012年，陆丰一个村的村民多年来一直向当地政府举报村镇干部截留国家种粮补贴未果，我介入调查后，受到时任省委书记汪洋等3位省领导的批示，随后陆丰市纪委认定2个镇共11个村的种粮补贴发放存在严重违规问题，对两个镇分管农业的镇领导作出党纪处分，对11个村的支部书记、主任撤销党内职务并立案查处，对当地农信社主任给予撤职处分。

2012年，一位素未谋面的农村读者向本人寄来一封信，信中说：“在没有火光和硝烟的战场上，你们在捍卫党的政策，为社会保持一片净土，同坏人坏事作斗争中付出了艰辛的劳动”，“你们的报道使广大农民好像在黑暗中见到了光明、见到了希望。”

2013年，中央实施八项规定，重点遏制群众长期深恶痛绝的公款旅游、公款吃喝等腐败问题。我在这一年结合社会热点问题,重点监督各地政府违反中央八项规定的情况。春节刚过,在我的笔下,阳江 30 多名中小学校长公费旅游的新闻见诸报端，引起全国舆论强烈关注。阳江市纪委经过调查后认定此次活动实质是以考察学习为名，变相公款旅游的违纪行为，对阳江市教育局、阳江市教师校长培训中心等 4 名领导给予党纪政纪处分，并责成阳江市教育局作出深刻检讨，此次外出活动所涉及费用全部由个人承担，不予报销。这一案件随后被广东省纪委作为典型案件向全省通报。

年中，本人报道了肇庆市端州区黄岗街道领导率领 50 多名干部职工以党支部的名义分赴各地公款旅游，肇庆市委、市纪委主要领导第一时间作出指示，端州区纪委迅速介入调查，认定公款旅游属实，对三名街道领导作出停职处理，并由纪委、监察局进行党纪或政纪立案，作进一步调查处理，责成参与此次公款旅游的人员作出深刻检查，个人承担公款旅游的全部费用。岁末，一起由本人采写的韶关市仁化县一贫困村干部用征地款请党员干部出国旅游的新闻又刊登在农村报上，仁化县政府接连 3 次公开回应本报的报道，县纪委在报道当天进村调查，认为报道属实，对村支书作出停职处理，责令所有参加旅游人员 3 天内交清旅游费用。肇庆、韶关的这两起公款旅游事件，也被广东省纪委作为典型案件向全省通报。

期待“三农”改革新希望

农村报数十年来一直在为农民说话，为“三农”呐喊，也正因此，农村报才在南粤大地，甚至在华南地区站稳了脚跟，并且逐渐枝繁叶茂。但放眼全国，“三农”的边缘弱势地位的状况没有得到根本改变，南方农村报综合新闻部主任王宏旺几年前在其年度记者感言中说，“改革开放已 30 多年，中国的 GDP 如今高居世界第二。城市里，高楼大厦鳞次栉比。然而，与之形成鲜明对比的是，农民的土布灰衫仍然触目皆是。在一些政府官员眼中，农民更多的时候是被看作政权稳定的根基，而非有权利发家致富的主体；在企业眼中，廉价的农村劳动力可以将企业经营成本降低；在市民眼中，低价的农产品可以保障自身的生活品质。”

几年后的今天，这种状况依然未获根本改变。与此同时，正如张志安老师提出的问题那般，现在大部分的媒体受行业大环境及激烈的城市市场竞争等影响而无暇顾及广大的农村地区，或者由于”三农”自身的边缘地位，对媒体生存发展的经济贡献不大，导致大部分媒体不关心、不关注“三农”领域。很多时候，在粤东西北地区，一条线索，一个事件（爆炸性的事件除外），这周是农村报的独家新闻，一个月后还是农村报的独家新闻。虽然除了正常的新闻报道，媒体还有很多形式参与“三农”的改革和发展，但目前来看，媒体对“三农”领域的关注还是不那么多的。

2014年初，受邀参加由主流媒体主办的有关中国新型城镇化之路“中如何找回失落的乡愁”的论坛，与会的多位学者批评道，一堆城里的人坐在一起讨论农村的事，而且不倾听来自农村的声音，试图按照城里人设计的思路去让农民搞建设，这样的发展仍然没有着眼于农村自身的发展，而是仍把农村当作城市繁荣的工具。看似关心农村，实际是一种思想殖民，是一种犯罪。

虽然世人都知农业兴则基础强，农村荣则社会昌，农民富则国家盛的道理，35年前的十一届三中全会也是从农村改革开始，开启了中国发展的新时代。然而，农村从改革开放的发动机退化为如今的艰难辎重，曾几何时，“农民真苦，农村真穷，农业真危险”的境况迫使我们不得不作出一些改变。可喜的是，十八届三中全会再次吹响了“三农”改革的新号角，燃起了亿万农民的新希望。但“三农”改革任重道远，需要更多的社会力量参与改革，传递希望，为“三农”的改革和发展鼓与呼。

（作者系南方农村报记者）

围观
伟正
3

云里雾里“伟大师”

王宏旺

王伟正，江湖人称“伟光正”，或者“伟大师”。“伟光正”好理解。至于“伟大师”从何而来，一般人不甚了了，本人也是无意之中窥得真相，今天冒着泄露天机的危险，借《南方传媒研究》一角，详述始末。

话说某年某月某天，本人有幸与伟正一起参加会议，会后，一同在重庆半日走。进入4A级景区——湖广会馆后，抬头见百家姓祠堂，里面排队的人甚众，前头一位穿着汉服的中年人，在跟大家讲解命数。伟正挺胸阔步，走到中年人前，中年人照例发问：“哪一年的？”普通人都是回答诸如“83、76”这样的数字，伟正眼皮一挑，说：“乙丑。”中年人一听，知道来者不妙，生怕被砸场子，赶紧请伟正走人。

难道……伟正是风水大师？为进一步试探，在歌乐山白公馆时，我问：“白驹为什么要在这里建别墅？半山腰，行路难。”伟正神秘一笑，说：“它的风水不错，背靠着山，前面空旷，所谓前望后靠是也；山呈抱状，将白公馆半包住，又有瀑布，风生水起，非常好。美中不足的，就是山形不太蜿蜒，青龙状不够。”

一番引子下来，伟正谈兴渐浓。他条分缕析，严肃地揭橥了赣州杨派风水与梅州罗盘派风水的差异；举案说法，生动地叙述了天命与人生起伏的关系；高屋建瓴，深刻阐明了新媒体兴起的背景下风水学派转型的问题；末了感慨一声，说老家兴宁有一个老华师毕业的，现在上阵父子兵，运用网络算命、看风水，一年收入百万。

“伟大师”，以此得名，名不虚传！

说起来，风水师给人家占一个穴，卜一个位，不过花费几分钟，即可收入数千乃至上万，记者写一篇稿，磨蹭一昼夜，捻掉数根须，所得也不及前者。正所谓，“人不堪其忧，回也不改其乐”，“伟大师”入职两年来，乐在其中，硕果累累，贤哉！

在过去的一年，王伟正同志深入贯彻群众路线，坚定不移地反“四风”，严格执行南方农村报编委会战略部署，深耕区域，写出了一批叫好又叫座

@李秀林：他，好“戏弄”美女，也好“戏弄”领导。在他眼中，总是没大没小的。实际上，他觉得也没必要区分大小。没事就找领导扯淡，下乡采访就找官员喝茶；对于同事和农民，他也来者不拒，总能找到话题聊一阵。不畏权势，不弃弱小，这就是他，也成就了他。

的新闻作品，在相关领域产生了广泛而深远的影响。

读者说：打住！怎么这么多套话？我说，这还真不是套话。王伟正同志去年有三篇率先报道的事件，上了广东省纪委通报的典型违纪违法案件当中：阳江市25名中小学校变相长公款旅游；肇庆市端州区黄岗街道部分干部借外出学习之机，公款到景区旅游；仁化县董塘镇岩头村党员、干部用征地款公款旅游。由于都跟“四风”以及公款旅游有关，我们经常笑问伟正是不是小时候出门少，对到处飞来飞去的人深恶痛绝？

不管如何，反“四风”先驱，反公款旅游先锋的称号，伟正可以受之无愧。

在舆论监督日益困难的今天，手不抓无柄的刀，才不会伤及自己。伟正在这方面是有智慧的，遵循中央精神，寻找基层违背的案例，便是其中之一，上述三起事件的率先报道，也为广东省纪委提供了清查的对象。

去年，南方农村报综合新闻部施行了记者分区制，目的让记者深耕区域，使报道真正贴近社会，避免“打一枪换一个地方”的短视行为。伟正积极钻研，很快熟悉所分区域的政经动态，既呼应群众需求，又跟大小官员谈笑风生，既偶尔端高脚杯，也喝大碗茶，体现了一个记者游刃有余的处事能力。

（作者系南方农村报综合新闻部主任）

曹轲点评 关键词：运气

运气不是侥幸，运气不是命运。从事新闻行业，要的是时代气息；做舆论监督报道，运的是浩然正气；在三农领域跋涉，靠的是接地气。乡情乡愁，化作气贯长虹的文字；刀耕火种，于无声处听惊雷。实至名归的伟光正同学，农村报年会获奖感言就两个字：运气。好吧，继续运气。

叶石界

汕尾陆河人。2007年毕业于中山大学社会学系，曾在《21世纪经济报道》做过政经记者，干过企划，后入职《南方》杂志，从事经济新闻的报道。几乎每天马不停蹄地到基层调研、采写，虽受舟车劳顿之苦，却享受到了记者生涯中未享有的快乐。

跑基层的快乐

成就

2013年度记者 入选理由

叶石界的稿件里往往有着清晰的逻辑展示。他用勤于思辨的大脑和不甘停歇的双脚，执着于追究表象背后的逻辑，为读者奉上了一篇又一篇有内涵、有专攻、有见地的财经报道。南方杂志这一亩三分地，因为他和他的同事们的勤力浇灌而变得愈加枝繁叶茂、生机盎然。

记者感言

1

到《南方》杂志报到的时候，主任给了我一个题。过去经常采访企业、政府高层和学者，习惯了政经报道的宏大叙事，拿到这个关于发展农村集体经济带领农民致富的选题时，我心里颇有些不屑地发笑了。

但是在随后的采访经历中，完全颠覆了这个认识。

对于正处于增速减缓深入转型的中国来说，大城市里从来不缺乏新闻话题，而大部分媒体关注的焦点，也在大城市。而中小城市乃至广大的农村地区，往往被忽略了。事实上这些地区，往往是一个新闻富矿。

很多时常接触政府高层的记者，会有官员套话多的感触，特别是大城市里的那些每天跟记者接触的新闻发言人，老练、圆滑，要跟他们套到料可不容易。但是在小城镇、农村地区的采访中，我们的采访对象出于对《南方》这个党刊的信任，却经常对我毫无防备，敞开心扉告诉我真实的情况，告诉我很多报道之外的故事。那是一种做记者过程中未有过的真实感，亲切感。

到基层去采访，让我充满快乐。

一

媒体的读者群特征和媒体的角色定位，决定着记者要做什么样的报道。

很多记者都清楚，市场化媒体有更多展示的空间——拿猛料，始终是做好新闻的一个最核心任务。很多名记前辈都跟我说，有重大独家的内容，哪怕稿子写得很粗糙，也能成为一个好报道；没有太多内容的报道，哪怕绣成花也不会引起注意。所以，他们说，要想尽办法进现场，实在进不去踮起脚跟往里边望一望也好。

这是由其市场定位和读者群决定的——如果不能让读者掏出钱从报刊亭买你的报纸，一切努力都是白搭。很多时候，为了满足这一要求去挖料，不得不去触碰红线做一些跨越，然后收回来，再一次尝试，如此反复来扩大报道的边界。

而到了体制内的媒体之后，则是一种完全不同的环境。党刊，毕竟还是要传播社会主流价值，向上反馈基层的政策落实情况以及传递基层的呼声并影响上面的决策。

揭黑的扒粪报道，往往会一鸣惊人；在猛料为王的江湖时代，这也是扩大媒体影响力最重要的方式。但是之前一位老师告诉我，好的报道绝不仅仅限于扒黑幕；做一个建设性的稿件，同样能产生好的效果，推动社会进步。

或许，这对于党刊的报道来说，是一种可供遵循的路数。

我还要尝试的是，正如当时刚入职时领导对我的期望一样，能否借鉴市场化媒体的报道经验，用于党媒的报道之中。

过去，体制内的官媒做出来的报道往往会给人“文件式”的官样文章，套话多，晦涩难看。同时，强调舆论导向的报道，也容易写成纯粹做宣传的软文。我想，做出来的报道如果没有人看，那是记者最大的悲哀。而要有人看，就必须时刻谨记读者意识。

在《南方》杂志不到一年半的时间里，我粗略算了一下，从东部的潮安、澄海，到西部的廉江，从北部的乳源、连山，到南边的徐闻，共跑过了广东40多个县区。每个县区，都有一个故事，也正是每天马不停蹄地走访中，对广东的发展现实有着越发深入的认识。

深度、文本，是做好报道的重要因素。正如经济学人主编爱默特所说的“高质量的思考、高质量的写作”，采访、写作的时候，都要带着问题意识，探讨现存的不足、困境，报道的内容要为读者带来思考，而非仅仅给地方宣传。抓鲜活的案例，以制度的分析逻辑、用叙事的文本写作来做一篇报道，对读者而言，才更有吸引力。

二

去年年中，省里提出振兴粤东西北规划并提出“三大抓手”后，在全国各地盖高楼造空城的畸形经济下，我们选取了“产城融合”策划专题报道。该组报道，系统地分析了当前城市和产业脱节发展存在的种种问题、产城融合在如何“融”的问题，对当前的误区提出政策建议，并到苏州取经为广东各级政府介绍苏州工业园产城融合的经验。报道出来后，地方政府的反响非常好，不仅收到了大量读者的来信，记者随后到各地采访中也得到了良好的反馈。

但是，更让我感兴趣的，是上面正儿八经制定出来的政策，到了基层是如何落实的？可行性如何？是否存在难题？我想，我要承担的责任，就是将基层的情况，真实地反映到上级，以达上听。

一个十分有益于民生的政策，不一定能得到很好的落实。在采访中将其难处充分挖掘出来，对有关部门也是一个很好的提醒。

试行了多年、2013年正式推广的农民水稻保险政策，便是一例。这个政策是政府出大部分的保费，农民象征性地出一点，为农民种植水稻过程中遭遇各种自然灾害提供保险，以降低他们种植水稻的风险，提高生产的动力，从而保障粮食安全。

但是，我经过深入调查后发现，这项惠农政策在各级政府配套资金完全没问题的情况下，却因农户种植面积小、赔偿低而缺乏投保的主动性，收取保费工作繁重，同时灾情评估和受灾面积测量需大量人力物力，落实起来不容易。

报道出来后，引起了部分读者（主要来自于农业部门的政府人员）很大的共鸣，纷纷来信发表他们的感想。类似这样的报道，我想算是向制定政策的上级部门传达基层的声音，为他们重估和修订政策提供一个参考吧。

在基层的采访中，要时刻用心去倾听。因为采访对象一句不经意的话，就有可能是一个重大题材的线索。

我在采访土地流转、发展现

代表作品

2

作品名称：农民种水稻有了“保护伞”

刊载媒体：南方杂志

发表时间：2013年6月3日

作品影响：保障粮食安全是一项国策。保证农民种粮的积极性，推行政策性水稻保险以免除各种天灾的影响，被视为一个着力点。但好政策不一定能真正让农民受益。在广东省试点4年并全面推开这一政策之际，记者深入调研并剖析政策执行中基层政府、农民、保险机构各方存在的各种困境，报道出来后引起了较大的反响，也为政策的修订提供了参考意见。

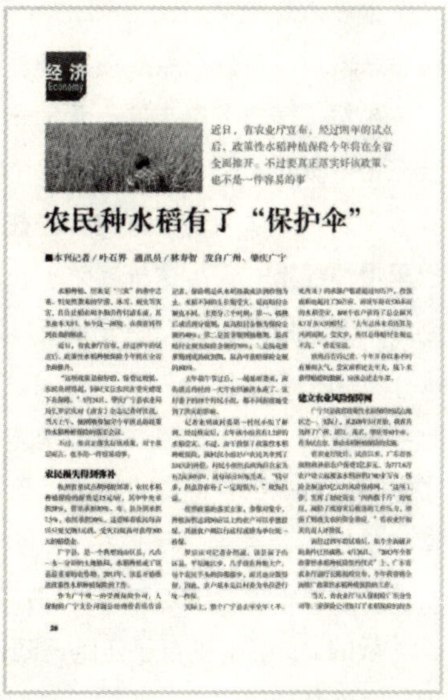
经济
Economy

近日，省农业厅宣布，经过四年的试点后，政策性水稻种植保险今年将在全省全面推开。不过要真正落实好该政策，也不是一件容易的事

农民种水稻有了“保护伞”

■本刊记者／叶石界　通讯员／林寿智　发自广州、肇庆广宁

建立农业风险保障网

代农业话题的时候，无意中听到一个采访对象抱怨说有的空壳农民专业合作社成立了却不运作，白白分去了真正需要支持的合作社的政策资源。当时心里一动，年初召开的中央农村工作会议明确提出通过发展四个经营主体，农民专业合作社就是最被看重的一个，上级更是给地方政府下达了2013年新成立数量超过往年总量的指标。而他说到的空壳农民专业合作社是怎样的，现有的政策会否存在漏洞？

随后，我对当前广东农民专业合作社的现状到多地进行摸底调查，发现确实存在很多空壳合作社，由于缺乏运作资金、贷款难、注册程序繁琐、套利驱动等原因，这些合作社并没有运作，甚至成立的初衷就是为了套取政府补贴资金等。利用党刊这个平台，写了一篇《广东的农民专业合作社何以落在后面了》的《领导参阅》，就这些问题提出建议上报省政府。很快，徐少华常务副省长和朱小丹省长先后做出批示，要求农业厅对这个问题进行专题调研。

不久后，我从广东省农业厅了解到，该厅进行了系统的调研、对广东省合作社做专门的培训等系列工作。参加培训后，两个采访对象还专门打来了电话表示感谢。那一刻，成就感和满足感油然而生。如果当时没有留心采访对象的那一句抱怨，这么重要的题材就白白浪费了。

三

很多人会觉得，在党刊工作会不会轻松一点。来之前也有这样的认识，但后来发现，若想干点成绩出来，丝毫不比之前的工作轻松。

虽然《南方》杂志属于双周刊，跟之前的日报相比，可供调节的时间会充裕得多。但是，我们的每一个报道都要到基层调查，而且很多时候得扑多个点，所以采访的行程，往往要一两天。而去稍远的地方，还得在大巴里慢慢摇上一天。这样在路上，就要两天时间了。一期两个报道，时间刚好；三个报道，时间明显紧凑；四个报道，够呛。

几乎每个工作日，不是在采访，就是在去采访的路上。就这样，去年一年就背破了两个书包。在《南方》杂志不到一年半的时间里，我粗略算了一下，从东部的潮安、澄海，到西部的廉江，从北部的乳源、连山，到南边的徐闻，共跑过了广东 40 多个县区。每个县区，都有一个故事，也正是每天马不停蹄的走访中，对广东的发展现实有着越发深入的认识。

我的计划是，趁自己还跑得动，接下来尽快跑完广东剩下的其他县区。以后或许就可以跟别人炫耀，我跑遍了全广东。

（作者系南方杂志记者）

围观
石界
3

高质量的思考、高质量的写作

曹建民

叶石界是部门一个同事离职的时候推荐进来的。他来《南方》杂志只有一年半的时间。但是一来到杂志社，就进入了角色。

当他做出的第一个稿子交到我手上的时候，从他的文字里，我即刻感觉到这就是我要的报道。他刚来的那几个月，恰巧是十八大召开前后。那段时间因为大量版面被用于做十八大的时政报道，经济部的版面并不多。叶石界充满干劲写出来的稿子，却迟迟没有版面刊登，只能干等着急。

那一段时间，突然感觉摆脱了之前因为缺人手而带来稿件紧张的问题，进入了一种稿件无处消化的境地。对编辑而言，这是一种难得的轻松。对于愿意干活的记者，编辑是绝对欢迎的。

在往后的日子里，他延续着“拼命三郎”的奋斗劲头。我一直坚信，做记者一定要勤奋才能出新闻。他的稿子不但多，而且从每条稿子的字里行间中，都可以看出是踏踏实实地走出来的。平时除了选题会，几乎在办公室见不到他。做报道要深入基层，这是杂志对记者们的一个理想要求，也是对记者的一个期望。叶石界对于这一要求贯彻得挺好。

对于一个信奉新闻是跑出来的记者来说，他的宿命就是在路上；当然我也有些欣慰，这样跑在路上，又何愁写不出好新闻来?

叶石界是一个话不多的人。每次开会他总是找一个不显眼的位置坐下，然后安静地听别人发言。轮到他的时候，他也就三言两语。这样的特点让他在做记者当中得以成为一个有心的“倾听者”。正如他写的一些报道，往往是在他采访时，别人的一句不经意间的话成为了他的线索。

在党刊里面，记者的优势，是采写更方便，同时也能影响到地方政府的政策制定者和执行者。但是，要能真正影响到他们，关键还在于写出能激发他们深思的报道来。因此，党刊记者的空间不在于猛料，而在于充分调查后的报道能否带给别人启发。叶石界知道这一点，所以其采写工作，

@李焱鑫：@叶石界nf老叶，又叫小叶。谓之小叶，因我蹉跎单位数年，他仍在他媒厮混。称之老叶，因他刚到《南方》，便以老道笔力，老练观点，为《南方》这锅老汤增加很多老辣滋味。从市场化媒体到党刊，石界依然守着新闻人的底线，怀着那些常被人鄙视的信念。有时想，有老叶小叶在，谁也别急着唱衰纸媒。

不仅仅在倾听。他能够捧出启发读者的报道，首先是他自己做足了功课并进行了深入地思考。他的稿子似乎并不太关注细枝末节的东西，而是喜欢从体制、机制层面去探讨改善的空间。特别是对基层的运行中，正如他自己说的，更让他感兴趣的是，上面正儿八经制定出来的政策，到了基层是如何落实的？可行性如何？是否存在难题？当然，还有问题意识——探讨现存的不足、困境，等等。摸清了现状，背后的机理和存在的困境以及可能的解决措施后，呈现在稿子里的逻辑就一目了然。

而这，他看成是对《经济学人》主编爱默特所说的“高质量的思考、高质量的写作”的一种践行，也是对读者的一种责任，因为他觉得写出来的稿子不但要有读者看，也要让读者有收获。

（作者系南方杂志财经部主任）

曹轲点评 关键词：成就

职业成就感来自成就本身，何谓成就就成了高下的分界。成就是成绩、成效，还是成果、成功？不同的感受形成不尽相同的动力支撑。群众、基层、调研以及成就，这四个被长期滥用的专指词汇，并不意味着无所作为简单排斥。倾听者潜行者叶石界，在参与中成全别人成就自己。

余维庆

77年生人，昔日激情文青，当下文字工匠。曾任文学杂志主编，现为时尚杂志主笔。擅跨界，从山寨作坊老板过渡到北漂打工，从品牌洗发水厂长演变为职业写手。而今尘埃落定，供职于《南方都市报》时尚旅游中心。

一个理想主义者的死亡

纠结

2013年度记者 入选理由

我们习惯叫他老余，因他常年皱着眉头处于思考状，一思考就有料，任务交给他就如饭后把杯盘狼藉交给全自动洗碗机，你大可放心等着光洁如新。更多人叫他余老师，他带新人，从业务指导到生活指点，带出了父师的威严与激情。对文字，他有处女座的严谨与狮子座的把控。这一年，他以主笔的身份，对杂志几乎所有的重大策划出谋献策；他又跳出主笔的范畴，跨界商业别册，出品秒杀同行。

记者感言 1

我在老家有各种各样的土豪朋友，他们热情、义气、经常地酒气冲天。所以多年来，在某些聚会的场合，我经常像熄火的火锅汤底一样，从逐渐衰弱的话题里被一些人打捞出来。

有的表示羡慕："你们记者牛啊，全国的官员都归你们管！"嗯？他是古装剧看多了，认识里还存着八府巡按的概念。

有的寻求援助："我们单位领导太操蛋了，你帮我发条微博，把他拉下来。"嗯？他觉得记者就是大V，发个话就能定个乾坤了。

当然有更多的明白人，酒酣了会问："你当时为什么选择写字、当记者呢？"这个表示关心的意思我明白，就是这么多年来，大家都混得不错，你怎么……还是搞时尚的！

人生海海，冷暖自知。我当然不可能跟你们谈什么新闻理想、文学情操。都三十好几的人了，谁还好意思谈理想啊？而且，理想是会随着年龄、时代的变化，或者束之高阁，或者融汇贯通。

这个引子，算是对自己一个阶段性人生的状况总结吧。从期刊读物转行到时尚媒体，从文学青年过渡到文字工匠，倏忽已三年。

一句大话进南都

二十年前，文学两字是还可以在女孩子圈里招摇撞骗的时候，我和几位朋友在乡下当过山寨版的编辑，做一份免费赠送、传播量不超过两千的文学小报。当时，正牌的编辑、记者于我是神一样的偶像——他们冲锋在前，谋划于后，洋洋洒洒的文字洞悉着世界的真相。

是网络拉近了这个距离。

1999年，我的小学老师、山寨编辑因为给南都写稿，最终被招安到了南都副刊。这对落草的兄弟是一种鼓舞也是刺激，挥手自兹去之后的几年，也是因为他的鼓动，使我们一直保持着对文字的热情，以及某一天相会于南都的梦想。

2003年，我到了广州，以职业撰稿为生。当文字成为一种营生的时候，理想的光环自然会供电不足，磕磕碰碰的，从撰稿人到辗转于几本文学杂志中当正版编辑。而进入南都的梦想，因为它的日益稳重而变得更不可能。

是侯飞打破了这个规则。

2011 年春节刚过，侯飞通过当年文学小报的朋友找到我，问我愿不愿意到《风尚周报》上班。是时，侯飞刚走马上任，需要一个讲究文字美感的人给杂志后期做一些清道夫的工作。

在我幻想过的进入南都的工作中，或者是进入文化副刊的深宫后院，做一些花花草草的拾缀；或者是当一个走进社区，与大爷大妈谈谈心的记者。做时尚，于我来说，有点陌生了。

侯飞看出我的顾虑，说，经验方面你暂时不用考虑，我要的是提高整体的文字水平，你只需要考虑你文字，行还是不行？

自我幼小时的认知和偏好中，NB的记者总是出入枪林弹雨、舌战殿堂，铁肩担道义，妙手著文章的角儿，而我在温室之中，获此殊荣，不免诚惶诚恐。

出于对进入南都的愿望，我回答了一句话：没问题。

虽然，我不知道到了现在，他有没有感觉受骗了？

激情 2011

按照人们的说法，我是属于闷骚型的，话少，整天板着一张深思熟虑的脸，这是对生活缺乏激情的直接反应。在工作上同样如此，进入南都，投身《风尚周报》，燃起了我的工作激情。

如果从创刊时间算，《风尚周报》并不年轻，但对于 2011 大刀阔斧的栏目改革来说，那是一个新的开始。按照侯飞的指令，我必须做的工作是将杂志所有的稿件做一个后期的修改和润色。

记得第一天上班的时候，刚好杂志截稿期，我在角落里占了一台电脑，闷头工作了一个上午。中午吃完饭回来，侯飞问我修改了几个栏目，我说三个。他硬绷绷地说，太慢了，这个速度这么行？

当时我就有点焦躁绝望了，我到这里能干嘛？我是个烟民，一思索就抽特别多烟，一上午我已经耗掉半盒了，按照侯飞的要求，我一天八盒烟够不够？

而两盒肯定是需要的，白天一盒，晚上一盒。

接下来，我把工作打包回家做了，每天晚上客厅跟着火了似的。还好，慢慢熟悉了栏目，熟悉了工作方式之后，进度快了不少。而且，跟编辑记者熟悉之后，大家也经常沟通一些文本的写法和结构思路，把一些可能存在的问题阻止在成稿之前。

人们常说，时尚是个势利圈。但生产时尚的或者不是，至少在《风尚周报》缺乏这个气质。从一开始接这个工作，我就知道这是个“脏活累活”，所以直到现在，我都很感谢编辑记者们对我的宽容，毕竟，作为作者，并不是谁都愿意让自己的文字和想法被屡次冒犯。

《风尚周报》是半月刊，截稿周期为一周，我以为文字劳工熬过一周之后总会休息几天，但实际上，这个时间早就被“算计”了。在当时的改版雄心里，《风尚周报》是以《GQ》、《时尚先生》为范例的，但与这些大牌比个子是不现实的，只能拼点子，于是，最能凸显杂志风格气质的专题就成了专攻的对象。

于是，各种专题会，各种栏目的策划会议，便塞满了第二周。在天马行空的思路碰撞、激辩中，各种 idea 在产生然后被谋杀。会议是缺乏严肃性的，经常开着开着话题就变成去哪里吃饭——于是，未完成的方案

代表作品
2

作品名称：提问中国

刊载媒体：风尚周报

发表时间：2013 年 8 月 1 日

作品影响：风尚周报年度重磅策划出刊的 200 期特辑，以提问中国的方式向时尚文化领域的明星名人提问，彰显男性时尚刊物的调性与情怀。结构严谨，文字精美，高端大气。

主题就被携带到晚饭或者宵夜那里去。

曾经有一次，悬而未决的一个专题方案被搁置在凌晨一点的宵夜，侯飞最后要了 5 瓶啤酒，说，喝完这酒，一定要把方案想出来!

然后，方案产生于凌晨两点。

回到引子里那些朋友的问题，也有文青表示羡慕我的工作。这个问题倒是好解答，我是这么认为的，所有的兴趣都是美好的，但是当兴趣成为一成不变的工作，那便是枯燥的来临。能把工作当成一种兴趣和游戏的，除了能获得创造性成功喜悦外，还在于工作的多变性，它容易让你产生激情。

当然，缺乏规划的会议并不是一种好的工作方式，但我还是怀念那个激情四射的时候。因为，在争取杂志变化的基础上，大家不是在分配责任，而是在争夺话语权。

转型 2013

当然，激情只是你工作和生活的一部分。

2013 年，南都全媒体“时尚旅游中心”成立，使我们明白，我们已经从制造时尚走向经营时尚。当然这并不是一个分水岭，而是媒体慢慢转型的渗透过程，早在成立之前，如何经营时尚已经成了不管是业务还是采编都需要考虑的问题。

而如何在内容和经营之间找到一个平衡点、如何与客户博弈就成了一种工作内容。我所负责的“高层”栏目，就经常需要这种客户的“配合”。

如果说，一开始把这种配合当成一种侮辱的话，现在，已经变成了一种习惯。重点是，如何运用智慧和点子去说服客户，把内容去掉商业性部分，保留可读性部分，比如说……

嗯，为什么要比如？难道我是在炫耀吗?

这么多年来，所有的人都知道传统媒体的“狼来了”，进入 2014，冬天的寒冷尤为刺骨。这是一个矛盾的问题，我们一方面感觉到理想被藐视，一方面又感觉到东家的不容易，除了大是大非的立场，抱团取暖是媒体转型期的选择。

上面说了不少废话，但沉浸下来梳理 2013，至少有三个收获。作为一个媒体转型期的新人，策划并制作了几个成功的商业别册；作为一个只懂文字的人，因为操作各种项目而获得了各种宝贵的经验；而作为《风尚周报》的老人，今年最欣喜的，是带了几个 NB 的新人——他们的思维和执行能力正在挖掘我的坟墓，就像我年轻时所干过的事一样。

展望2014，路漫漫，其修远。如何在服务好客户的同时，把内容做好，这是一个伤脑筋的问题。所以，引子里说了，我目前这个“记者”，无关理想，只关乎职业操守。

实际上，我是在交这篇文章的几天前得知我获得年度记者荣誉的。我深知这个荣誉的厚重，但不免挣扎纠结。自我幼小时的认知和偏好中，NB的记者总是出入枪林弹雨、舌战殿堂，铁肩担道义，妙手著文章的角儿，而我在温室之中，获此殊荣，不免诚惶诚恐。

正因为这种纠结，使开始时发现这篇文章无处下笔，而有了那个所谓引子的原因。

（作者系风尚周报主笔）

围观
维庆
3

非典型的时尚主笔

邹嘉丰

第一次见到老余是在珠江新城的某个咖啡厅。侯飞向我介绍道："这是我们主笔，余维庆，你可以先跟着他边学边干。"彼时我刚从广告公司出来，尚不知道"主笔"为何物，只是忙不迭地点头，"主编好，主编好！"

很多年以后，我仍会回忆起最初跟着老余"学习业务"的那些午后和夜晚——除了写稿编稿，老余带着我不知疲倦地穿梭于广州的大小大排档之中。有一天我终于沉不住气问道："余老师，要不我们聊一聊采编业务……"我话还没说完，他夹起了一块牛肉放进了我的碗里，慢悠悠地道："你知道什么牛肉最好吃？"

@冯嘉安：@东方不亮 风尚周报的同学都把余老师亲切地称为“老余”，虽然70后的余老师和我们一众80后年龄上有那么小小的距离，但他的观念绝对是站在时尚的潮头、时代的前列。时尚的选题和文艺的话题余老师都可以用标志性的潮式普通话跟你聊个滔滔不绝、阔然开朗。当然，余老师最可恨的地方是在人家饥肠辘辘行将入睡的时刻，把美食图片发在朋友圈，深夜报复社会。

“……”

“雪花肉。它是牛脖子套犁的那个部位，整头牛只有不到一斤的雪花肉。”

“哦……”

他不仅是个美食家、导游、老文青、手工达人、歌者，还当过厂长做过买卖……除了略微隆起的肚腩需要我来支招解救，几乎在任何一方面完爆我的知识列表，然而这些生猛的技能之中，我实在看不到跟时尚哪怕有半点关系。

“你要换个角度看问题。”你看，我连他口头禅也学到了。

文艺青年老余会说：时尚是一种极致的精神与刻薄的审美。普通青年老余则用行动和姿态告诉我：生活中充满了琐碎的细节，而当生活的细节足够精致时，它就成了时尚。无论是他对雪花肉和德国啤酒的偏执还是对文字精雕细琢的淬炼，皆是如此。

老余是我最想用“how old are you”问候的家伙，怎么老是你，在每一场大大小小的会议，在每一个吸烟讨论区的边边角角，甚至在难得清闲的洗手间的隔壁，都能听到他那略带低沉又不疾不徐的嗓音，他既是编辑部里最被需要的人——每一个大的专题策划和别册几乎都有他的参与，在他的监制下的200期特辑、摇滚圣诞特辑皆大获赞誉；同时又是最让人讨厌的家伙——《风尚周报》编辑部美女如云早就不是个秘密，大家总是“余老师”长“余老师”短地以各种理由把他拉进自己的讨论群，咳咳余老师，好歹给弟兄们留点汤嘛。

惠娥说潮汕人里面潮阳人直率简单富有攻击性，而澄海人则善于体察情感循循善诱直达你的内心。

老余说，你这是在讽刺我啰嗦吗？

老余岂止是啰嗦，他简直是个早生了几天一不小心误入“狮子”的处女座。你的稿件好的时候他会把断句、标点和措辞帮你一一修改，再把你叫过来“啰嗦”地上一堂编辑出版专业课。稿件不好的时候改个三五次自然是不在话下，而更可畏的是那冷冷不怒自威的表情，让你不是害怕，而是羞愧。羞愧自己“怎么写出这么烂的东西”，这时都恨不得找个地缝钻进去。

老余“拼命三郎”的绰号由来已久，最高纪录时一周内除了操作正刊的内容还要同时兼顾三本别册，那段时间他总是过了12点之后才开始拉人去吃饭，以至于很多朋友一度觉得老余的饭局颇没诚意，这个点儿谁出来啊。

在同事舒航的眼里，老余不叫“拼命三郎”，而应该叫“十一楼的性感麻包”。“30年前交公粮的时候农民伯伯经常会用来装玉米啊，麦子啊，谷子啊，特征是什么都能装，还装的很多，现在改良成了编织袋，麻包的材质则广泛运用于法国巴黎的时尚T台。”

这就是老余，一个“非典型”的时尚主笔。

（作者系风尚周报记者）

曹轲点评　关键词：纠结

浮华盛世时尚风流，时尚成功走出时尚圈，成为大众追求的生活方式。南方报业旗下时尚类媒体出彩却不出效益，莫非草根基因与时尚无缘？莫非努力的方向南辕北辙？报道变服务，难度不亚于读者变用户。理想主义者余维庆的挣扎纠结和转型痛苦，悲壮得令人肃然起敬。

张弛

湘西人，2009 年毕业于西安交通大学。曾在北京奥运会期间在南都体育部打过短工，职务是实习生，职责是打杂和跑腿，以及听编辑们讲笑话。2011 年初入职凯迪网络。业余体育迷，麦迪脑残粉。

手中有刀　心中无码

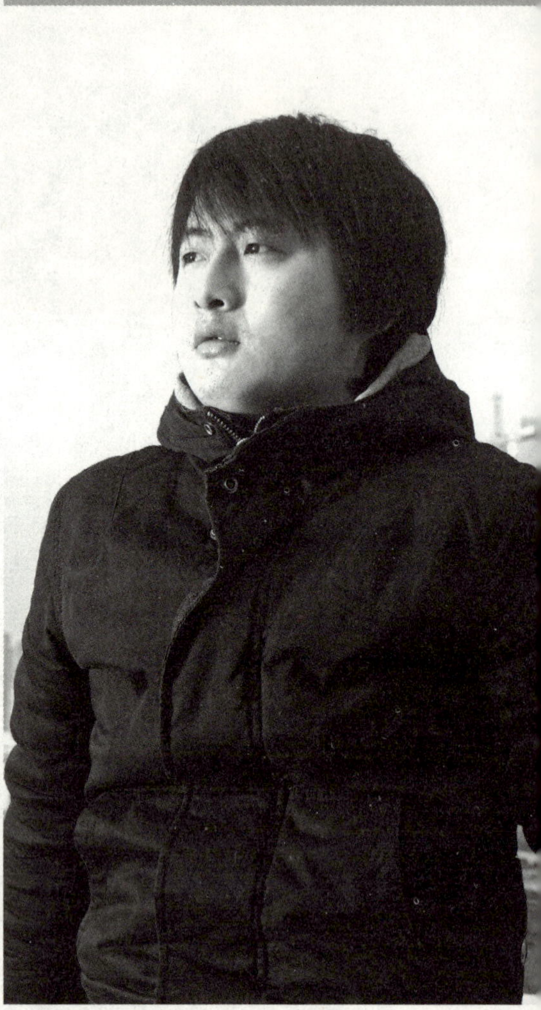

空间

2013年度记者 入选理由

从对劳教制度的“死缠烂打”，到系列追问“数据治国”，作为互动媒体的评论型记者，张弛一直在尝试拉低媒体人的姿态、打通公共表达和民间表达的壁垒，“让严肃新闻嗨起来”，背后是记者个人的坚守和立场。

记者感言 1

一

严格来说，我算不上一名记者。

当最近朋友圈里做新闻的同行们都在为“考证”一事频繁刷屏时，我才意识到，这种需要通过考试手段来确认职业标准的身份没我什么事儿，尽管每天的日常工作都是跟热点人物和新闻事件屁股后面追跑。一位曾在实习期间带过我的南都体育部新闻老师傅，又把那个耳朵都听起茧的常识告诉了我一遍：网站没有采编权，当然不用考记者证。

是的，我是一名网络编辑，通俗意义上来理解，这也能算做新闻媒体人的范畴。在凯迪社区，我的职位编辑号是值班编辑 48。论坛里相熟的猫眼网友在网上跟我打招呼，干脆省去了敲上前面四个字的功夫，直称其号“48”，或许他们把这认为是一种节约人工体能消耗的洗练，而我却把这当作是一种熟络无话不谈后的亲切和随意。我变成了一个数字代号，甚至不常在公开的版面区域里以此为烙印留下任何痕迹，更别提能够像传统媒体的编辑和记者一样，在公开刊发的文章和版面旁落下署名。

进入网络编辑这个行当算得上是职业调剂。2009 年从学校毕业，一股青春气盛的莽撞劲儿直奔广州，只因为这里拥有被称之为大陆新闻黄埔军校的 289 号大院，只可惜当年水平离报社要求的合格线还是差了那么点儿，在最后的一场面试自己扮演了失败的出局者角色。即便如此，也一心想着只要身在广州，总还会有机会踏入这座委实倾慕已久的新闻圣地。年轻人嘛，总会带点义无反顾的一根筋思维。恰逢此时，与其说是我接受了一份互联网公司的编辑职位，不如说是它接受了我。一年之后，我进入南方报业传媒集团，可以说总算是了却一桩心愿，职位仍旧是集团下属网站之一的编辑。

那年头，虽说是传统报纸行业在新世纪后黄金十年的最后岁月，可想要成为一名“铁肩担道义，妙手著文章”的新闻记者——这样的体面形象长存于当时的我脑子里——依旧门槛高企。高校中过快膨胀孵化出来的新闻院系毕业生们，若有从事新闻行当的意愿又“高攀”不上传统媒体的门把手，大多数就为互联网媒体行业所消化了。加上网站并没有独立的新闻采编资质，长时间以来，这样良莠不齐的配置在大多数人眼里，自然就转化成了“网编干的活儿都是轻松地 Ctrl+C 和 Ctrl+V，再讲究技术含量点的无非便是做出引爆眼球的标题党”，仅此而已。

2013 年是我入行的第五个年头，或许在传统媒体行业里这意味着才刚刚摸清门道上路，但在这一行里，俨然已经换算成一名“老编”的资历，即便仍有人习惯于在网络另一头的键盘上敲下“小编”这个称呼。记得初入行不久，曾有人问过前领导“网编的出路究竟在哪里”这样的问题，露出对自己职业的未来图景并不感到乐观。这个从事互联网行业超过十年的年轻人以一种极其轻蔑又掺杂自信的口吻回答：网编这个行业起码到目前为止还没有退休的，对一个还没出现老化的行业着急有必要吗？

我知道，这是他出于对互联网即将改变中国信息传播格局的信心。

曾有人问过前领导“网编的出路究竟在哪里”这样的问题，露出对自己职业的未来图景并不感到乐观。这个从事互联网行业超过十年的年轻人以一种极其轻蔑又掺杂自信的口吻回答：网编这个行业起码到目前为止还没有退休的，对一个还没出现老化的行业着急有必要吗？

二

那一年，新浪微博诞生。一年之后，我进入凯迪——这家以“客观、公正、理性、宽容”八字真言为立站之本的时政论坛，成为自凯迪广州编辑部建立以来的第二位编辑——头上还有一位主管内容的领导。

有几条人，拥几杆抢，就干几档子事儿，既不妄自尊大，也不妄自菲薄。这是我顶头上司凯迪副总编孙潮执掌广州编辑部的总纲领。他专门从海口调任广州，抓的就是原创内容这事儿，使得社区内庞杂繁多的 UGC 变得有序有条理起来。用传统媒体行业内的行话说，就是做好议程设置。言传身教，在广州编辑部只有他和我的那段创始时段内，这几句话成了我们进行选题策划执行必须恪守的原则。

不久之后，一件与凯迪网友有关的大事件逐一拉开一场大戏的帷幕，并前后贯穿了凯迪编辑部和我的 2011 年、2012 年以及 2013 年。

2011 年 4 月 22 日，“一坨屎案”案发腾讯微博。6 天之后，案件当事人之一凯迪网友方竹笋被重庆劳教委正式作出劳动教养一年的决定，失去人身自由。事发之初，凯迪社区包括全网上都鲜有有关此事的任何信息流出，此时正值红色重庆“打黑”之后的“唱红”高潮，能让这座城市登上报端版面的无一不是统一的红色主旋律。直到一个半月后的6月6日。

这一天，因为“方竹笋”的凯迪网友身份被细心的网友发现，凯迪社区猫眼看人版块开始出现逐渐聚热的抱团声援，既是出于对同为凯迪人的认同感，也是发自对红色重庆“以言定罪”恐怖手段的不满。凯迪是一个以时政为主要话题的讨论社区，说它完全没有自己的价值取向这一点是完全不现实的。“一坨屎”案案发一个半月后骤然在社区里引发激烈讨论，让孙潮和我都意识到，这或许是一个重新发现只在媒体上展现自身“红得发亮”的重庆另一面的切入口。

天下武功，唯快不破。热点事件的网络传播也适用于此，为了避免在高压线上失足，注入娱乐化的因素会稀释掉事件本身的政治化色彩，同时能扩大传播效率，也符合当时凯迪编辑部捉襟见肘的人手配置。当时，APP软件Tom猫正被一帮网络活

代表作品 2

作品名称：浦志强 何三畏 任建宇：我看劳教制度的废止

刊载媒体：凯迪网络

发表时间：2013年11月16日

作品影响：这是针对劳教制度的收官之作，算是给这项不得人心的非法治制度在凯迪与之“死缠烂打”的最后两年多时间里，划上了一个比较圆满的句号。虽然只是一篇简单的对话整理，但受访的三个对象分别以法律人、观察家和亲历者的特殊身份，因为誓与劳教制度死磕到底的信念而产生了交集。在这个过去既庞大又难缠的对手被废止之时，此帖文以最迅速的效率完整呈现了他们对它最后的告别辞。

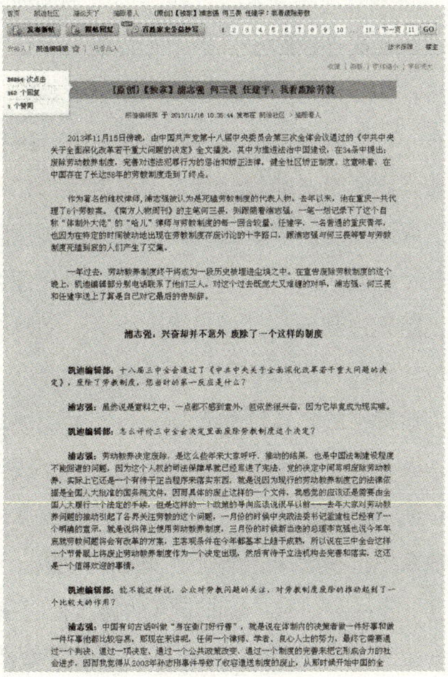

【原创】【独家】浦志强 何三畏 任建宇：我看废除劳教

凯迪编辑部 于 2013/11/16 10:36:44 发布在 凯迪社区 > 猫眼看人

2013年11月15日傍晚，由中国共产党第十八届中央委员会第三次全体会议通过的《中共中央关于全面深化改革若干重大问题的决定》全文播发，其中为推进法治中国建设，在34条中提出：废除劳动教养制度，完善对违法犯罪行为的惩治和矫正法律，健全社区矫正制度。这意味着，在中国存在了长达58年的劳教制度走到了终点。

作为著名的维权律师，浦志强被认为是死磕劳教制度的代表人物。去年以来，他在重庆一共代理了6个劳教案。《南方人物周刊》的主笔何三畏，则跟随着浦志强，一笔一划记录下了这个自称“体制外大佬”的“哈儿”律师与劳教制度的每一回合较量。任建宇，一名普通的重庆青年，也因为在特定的时间被动地出现在劳教制度存废讨论的十字路口，跟浦志强与何三畏等誓与劳教制度死磕到底的人们产生了交集。

一年过去，劳动教养制度终于将成为一段历史被埋进尘埃之中。在宣告废除劳教制度的这个晚上，凯迪编辑部分别电话联系了他们三人。对这个过去既庞大又难缠的对手，浦志强、何三畏和任建宇送上了算是自己对它最后的告别辞。

浦志强：兴奋却并不意外 废除了一个这样的制度

凯迪编辑部：十八届三中全会通过了《中共中央关于全面深化改革若干重大问题的决定》，废除了劳教制度，您当时的第一反应是什么？

浦志强：虽然说是意料之中，一点都不感到意外，但依然很兴奋，因为它毕竟成为现实嘛。

凯迪编辑部：怎么评价三中全会决定里面废除劳教制度这个决定？

浦志强：劳动教养决定废除，是这么些年来大家呼吁、推动的结果，也是中国法制建设程度不能回避的问题，因为这个人权的司法保障早就已经写进了宪法，党的决定中间写明废除劳动教养，实际上它还是一个有待于正当程序来落实东西，就是说因为现行的劳动教养制度它的法律依据是全国人大批准的国务院文件，因而具体的废止这样的一个文件，我感觉的应该还是需要由全国人大履行一个法定的手续，但是这样的一个政策的导向应该说很早以前——去年大家对劳动教养问题的推动引起了各界关注劳教的这个问题，一月份的时候中央政法委书记孟建柱已经有了一个明确的宣示，就是说将停止使用劳动教养制度，三月份的时候新当选的总理李克强也说今年年底就劳教问题将会有改革的方案，主客观条件在今年都基本上趋于成熟，所以说在三中全会这样一个节骨眼上将废止劳动教养制度作为一个决定出现，然后有待于立法机构去完善和落实，这还是一个值得欢迎的事情。

凯迪编辑部：能不能这样说，公众对劳教问题的关注，对劳教制度废除的推动起到了一个比较大的作用？

浦志强：中国有句古话叫做“身在衙门好行善”，就是说在体制内的决策者做一件好事和做一件坏事他都比较容易，那现在来讲呢，任何一个律师、学者、良心人士的努力，最终它需要通过一个判决、通过一项决定、通过一个公共政策改变、通过一个制度的完善来把它形成合力的社会进步，因而我觉得从2003年孙志刚事件导致了收容遣送制度的废止，从那时候开始中国的全

跃份子以“咆哮体”玩得风生水起，不如借此东风之势，以“方竹笋”、“一坨屎”等辅之以部分重庆元素制作一期简短视频，以期获得更为迅速、广泛和安全的信息传播。

从脚本写作到制作完成，只不过一个多小时时间。很快，《方竹笋你老婆喊你回家修抽水马桶》的重庆话版视频现身凯迪社区，深谙其所指的凯迪网友迅速一哄而上围观盖楼，高楼瞬间拔地而起。紧随其后，一些普及率较高的方言版本也被制作出来，作为应和，居然有凯迪网友也用同款软件制作出其所在省份的方言版本表示支持。这成了一场掺杂着权利诉求得不到满足的娱乐狂欢，沿着狭窄而陡急的传播轨道迅速向前滑行。新闻专业主义原教旨的信奉者对这种野狐禅式的操作或许不屑一顾，但方竹笋“一坨屎案”在凯迪的发酵成了此后两年多时间里凯迪对劳教制度存废耿直发声的开端。

时隔一年之后，方竹笋才重获自由，随着王立军、薄谷开来和薄熙来相继东窗事发，重庆早已褪下红色长袍。2012 年 5 月 18 日，在前期与凯迪编辑部有过沟通后，身居重庆的凯迪网友“倾听远方”前往涪陵探访了方竹笋，并发布了方自述的劳教经历视频。可以说，这是揭开重庆“因言获罪”劳教往事的头一记重炮。遗憾的是，这个挑开重庆公共政治生活铁幕一角的记录在不久之后，就与之前那些集结了各色方言的娱乐化声援，因为不可抗力消失在了茫茫的比特海里。

然而，此剧未终，接踵而来的剧情像是一组以劳教制度存废为讨论主题的现实连续剧。自嘲为“体制外大佬”的律师浦志强程咬金式的半路杀出，加上方竹笋在袁裕来和斯伟江两位律师的帮助下赢下对重庆劳教委的官司，以及湖南唐慧因救女被劳教一案在 8 月盛夏舆论中的风起云涌，都成为此后凯迪编辑部针对劳教制度当仁不让的操作选题：我们请来了杂文家鄢烈山与法学教授王琳在演播室里痛陈劳教唐慧的制度之谬，本答应从长沙赶赴广州共同录制节目的唐慧代理律师甘元春在最后时刻告知因外力受阻无法到场，可想见阻力之大；同时邀请了斯伟江、袁裕来、浦志强三位代理过“因言获罪”劳教案例的律师，以及当事人方竹笋和在重庆系列劳教案中的媒体观察者何三畏，共同讨论劳教制度的去留问题；当中央司法改革办公室发布新闻表明国家有修改劳教制度意向的时候，斯伟江应邀在凯迪所写的《反“法治”的劳教制度何去何从》再度将这个议题从众多热点中打捞起来，防止时间令其冷却……

8 月 15 日，由浦志强从重庆发过来的一段原始录音，经我手剪辑并配上字幕之后以《“八一五”涪陵劳教所奇遇记》出现在凯迪社区里，并由凯迪和浦的微博迅速病毒式在全网传播开来。从录音中管理科杨科长对代理律师欲见代理人任建宇刁难性的言辞，不难想象出哪怕是在最卑微的公权力链条底端，法治和尊严如何被流氓化践踏的场景。

有了这头一次的前后方配合，浦志强开始扮演特约记者的角色，在重庆搜寻起类似于方竹笋、任建宇劳教案例的普通人。一个简易的DV(最初只是一只苹果手机)，一个形象粗犷嗓音浑厚的主持人，一班位于岭南羊城的后期制作组，通过网络的链接，开始将重庆光鲜表皮下一桩桩触目惊心的劳教档案公之于世：谢苏明、刘世银、杨玉涵、田宏鸢、女儿死亡为求真相五人被劳教案，拍照发帖警车撞人四人被劳教案……我们甚至和当时的前方挖料人浦志强建立起一个隐秘的资料传输和储存网络空间，每有新的受害人和离奇故事，他在重庆拍摄上传后由编辑部团队在广州进行后期剪辑发布，并约定好暂为一周至少一例。当所有系列全部完成之后，凯迪编辑部效仿善于陈列丰功伟绩的展览橱窗模式，以图文并茂

代表作品 2

作品名称：从“民主法治实现96.6%”看数据治国

刊载媒体：凯迪云情报网站

发表时间：2013年12月23日

作品影响：从中华民族复兴指数，到民主法治实现程度，数据治国到底是政治科学还是政绩迷信？文章从统计部门数年来的公开数据报表中寻找答案。详实的统计数据，与现实环境的具体评价两相比对，综合各种媒体和公众声音对这项治国手段的舆情追踪，从另一个侧面窥见数据治国的实质和舆论反馈。此文在网络上获得广泛的肯定和传播。

的形式做了一回总结性的“重庆因言获罪劳教案例展播”，黑字红底，与曾经以“唱红打黑”为标榜的重庆“相得益彰”。事后回想起来，这简直就是战地新闻挖掘的配合节奏。

浦志强最终代理的六个劳教案例受害人都提前重新获得自由。记得最后走出劳教所的分别是戴月权和黄成城，2012年12月17日我带着摄像机和浦志强坐在中山大学一间人来人往的办公室里，耐心地等待着远在重庆山城拨过来的电话，从上午10点到下午5点，浦志强总是会时不时条件反射似地拿起手机看看有没有未接来电，我的镜头也一直没有离开过这个坐在角落里的彪形大汉。直到第三个电话由刚出劳教所的黄成诚拨打过来告诉他“已经出来了”的时候，浦志强才稍微放松舒展起来。拿到了“货”的我急匆匆问中大的会议工作人员借了一台办公用的台式机，简单把片子编辑了一遍，再将那时这段冗长的等待写成消息稿，晚上7点钟的时候，它已经以置顶帖的形式出现在了凯迪热点版块里。

我再次听到这个浑厚的男中音几乎已经是一年之后的事情了。2013年11月15日，中共十八届三中全会的《决定》给已经存在了58年的劳教制度添上了最后的一抔黄土。是夜，我坐在早已约定好的朋友聚会餐桌上给浦志强打了一个电话，走完常规的访问程序后，浦志强叫了一声我的名字——这让长期被以数

戚外，平日几乎过着与世隔绝的生活。而即便是节假日与亲戚聚会时，她也刻意会避免出现在相机的视野中。

老李的诚恳与坚决让我们放弃了见面的努力。在跟他详细聊了侄儿一家的情况后，我们在那个封闭家庭的楼下转悠了一圈后带着遗憾离去。这位神秘的“脱北者”媳妇依然面貌模糊。

直到现在，除了类似早年引发国际关注的“闯馆”事件外，几乎只有少量在以往被警方破获后披露的偷渡、贩卖人口之类的案件，能追寻到“脱北者”在中国的足迹，也才能由此相对合理地还原出这个隐秘群体中一部分人在中国的凄凉往事。

在为无法寻获系统性介绍“脱北者”的状况而烦恼时，网络再次发挥了巨大威力。2013 年的第一场大雪席卷东北时，我在网络上找到了一份长白朝鲜族自治县政府数年前披露的资料，在这份类似县志的资料上，详细记录了 1999 年之前该县查获的大量“非法越境事件”。资料中的一个数据显示，在 1997 年 4 月 23 日后的一年之内，该县抓获了 484 名非法越境人员，除了跨境盗抢、走私、贩毒、情报搜集之类的案件外，另有众多越境后滞留中国的案例。

这份信息准确的政府材料对我们在采访中了解到的“脱北者”进入中国的时间、背景、规模、动机等诸多信息起到了重要的证实作用。

延边之行结束后，根据老李的“蛇头”朋友的介绍，我去了一趟云南，沿着蛇头提到的昆明——景洪——勐海，走访了那条他的团伙曾经运作过的偷渡路线。最终在一个名叫打洛的小镇口岸旁，在目睹两名中国人翻越栏杆偷渡进入缅甸后，我觉得采访差不多可以结束了。

回到广州后，那位大学同学给我发来了一张照片，那是数年前她回国时在珲春亲戚家里探亲时拍下的。照片中，老李侄儿的媳妇正在家里招待她的中国亲戚们。这很可能是她流传出来的唯一照片了。

这位在异国躲藏多年的女性脸上没有恐惧，她像所有开心的家庭主妇一样，穿着漂亮，搬出糖果招待亲戚的小孩子们，自己则微笑着坐在婆婆身旁。

老李告诉我，侄儿媳妇将在今年秋天再次踏上偷渡之途，如果沿途一切顺利，她将从云南出境，取道泰国前往韩国。

“她不想再生活在恐惧中了”，老李说。

（作者系南都周刊主笔）

围观
周鹏
3

周部长的焦虑

黄昌成

在过去的 2013 年，每次开完周四上午的评刊会之后，我和周鹏等几个采编同事都会拥进报社旁的小餐馆，点上几道小菜，几瓶啤酒。在众多同事中间，周鹏无疑是谈兴最浓、酒品最好的一个。

熟悉这个行业的人都说，2013 年是纸媒的寒冬，经营收入不比往年红火，人员流失严重，采编们或者投身所谓的新媒体，或者到各牛逼公司做总监，总之许多人不玩纸媒了。去年,《南都周刊》在营收上是为数不多的逆市飘红的纸媒之一，但同样不乏几位采编同事为了有更好的职业前景而另有高就，其中就有与周鹏私交甚笃的哥们。

周鹏应该是南都周刊里人缘最好的人，大家都亲切地叫他“周部长”。因为早在 2010 年，为了完成周刊的封面策划《东莞治黄》，他潜入东莞，

@孙炯：大家习惯称他周部长，源于在东莞采访时的一句玩笑。对这位常年多从事田野调查的记者，同事们称他部长，几分亲切，几分认定；女孩们称他部长，多数是受其关照了，少数是撒娇；也有以往的受访者称他部长，那是因为他们现在成了朋友。

在脂粉流香的服务场所获取了当地色情产业发展的鲜活材料。

周鹏供职南都周刊已经超过6年，作品越来越多，身边熟悉的同事却越来越少。所以在2013年，特别是进入秋天之后，感叹悲欢离合也自然成了同事们聚餐时的一个不大不小的主题。“以后恐怕一起吃饭的人都难约到了”，有一次聚餐时，周鹏眉头紧皱地感叹说。只有那个时候，我才隐约觉得平日开朗的周部长居然也带着一丝不易觉察的焦虑。

除了浓重的离愁别绪之外，在2013年的秋天，偶尔还会感受到周鹏在工作中的一些焦虑。其实在这一年，他的工作量也并没有比往年少，他甚至拿出了《王林大师的朋友圈》这样的佳作。但他总觉得新作品大多是在重复过去的工作，“没多大意义”、“昌成，你说这个情况怎么办”？有时候，他这样问我。但是，我又何尝没有这种堂吉诃德式的挫败感？

在2013年秋天将即将过去时，周部长似乎突然间自己解决了问题。又一个周四例会后的中午，在我们吃饭聊天之余，他抛出了《朝鲜来客》这个选题，然后饶有兴致地问：大家对这个有兴趣吗？

一直以来，朝鲜类题材都是《南都周刊》关注的领域所在，例如以往的《朝鲜放卫星》、《金正恩新政》等，都是《南都周刊》颇有影响力的封面报道。但是当周鹏提出要做“朝鲜偷渡者”这个敏感选题时，考虑到中朝两国一向的交往传统，整个编辑部都觉得风险太大而劝其放弃。

但周鹏软磨硬泡说服了编辑部老大，最终一头扎进采访工作中，足迹横跨中国东北到西南边境。在异地接触各类社会人物的过程中，他那坦率谦虚的社交风格和深不可测的酒量帮上了大忙，让他近距离接触到了朝鲜偷渡者和他们的中国亲属，记录了他们多年来胆颤心惊的偷渡和藏匿历史；他和搞偷渡生意的蛇头们称兄道弟，从而得以掌握到朝鲜偷渡者冒着生命危险越境进入中国，再辗转逃往韩国的路线图。

在耗时了一个多月后，2013年12月的某天，我们收到了10000多字的初稿。当时，几乎整个编辑部都认定：这是《南都周刊》2013年度最为重头的作品之一。

在完成《朝鲜来客》这篇报道后，周鹏的焦虑似乎得到了些许缓解。看来好的作品真的是安抚记者的最好良药。在2013年周刊年会期间，他拿了单位的杰出员工奖。

在年会上的业务交流会中，他一边摆弄着PPT上的采访素材，一边颇为黑色幽默地总结自己的采访经验。他笑称自己的采访对象大多都是在"老少边穷"地区，能够有点成绩是因为紧密地联系群众、相信群众和依靠群众。

年会结束前的最后一天晚上，大伙都喝高了。那晚周部长彻底放松下来，他一边跟我勾肩搭背，一边给我倒上一杯杯白酒，"昌老师辛苦了，不管以后怎样，希望大家都能经常在一起吃饭。"

（作者系南都周刊编辑）

曹轲点评

关键词：记录

大量的新闻报道是易碎品，是快餐，是过时即弃的一次性消费品。这不是说新闻无用，而是用途不同，用法不同。总有些话题不属于即时新闻，总有些事情一直在那儿却无人过问。这类打捞式记录，挖掘式呈现，总得有人去做。周鹏就是这样的有心人，心到意到，手到笔到。

卓伟

农历辛亥年桂月生于天津海河之滨，出身无产阶级，长于穷街陋巷，少年时代怀揣记者梦想，而立之年跻身新闻行业，以娱记出道，因狗仔扬名，誉我者寡，谤我者众，悠悠十三载，不改方寸心；满纸八卦言，谁解其中味？坚守理想，不做丧家之犬，激励情怀，甘为地下尖兵，做新闻要争先，做记者要争光，做狗仔要争气。

“狗仔”更需要“争气”

年度记者2013 入选理由

卓伟的出现改变了娱乐意识形态中僵化与传统的一面，拓宽了娱乐的视野。2013年，这匹不知疲倦的老马依然奔驰在八卦的江湖，为读者披露了一出出娱乐的盛宴，他的狗仔生涯与令人敬佩的执着心，像是娱乐圈的一把大火，烧掉了一些人的遮羞布，却让《南都娱乐周刊》不时放射出灿烂光芒。

记者
感言
1

说起 2013 年我报道过的最重要的新闻，无疑要算张艺谋超生系列报道。

很多人也许要问张艺谋超生全国媒体都在报，都在追，你的报道有何“重要性”可言？回顾全程，不难发现《南都娱乐周刊》在其中起到了拨云见日的作用。《南都娱乐周刊》的三次报道步步紧逼，把事件不断推向高潮，图文并茂地向公众揭示出真相，而这一系列报道全部都出自我的笔下。

在这一系列报道中，我采取了狗仔队式的跟踪偷拍手段，当事件陷入僵局、停滞不前，也只有狗仔队的办法能够打碎“人造坚冰”，取得突破。我曾在南都娱乐周刊年终新闻盘点中写道“张艺谋超生的新闻报道给我和风行工作室（南都娱乐特约摄影）以鼓励，它告诉人们狗仔队不仅能拍娱乐圈的绯闻八卦，也可以在关乎社会公正和公众知情权的报道上发挥自己的正能量。”

一

我是 2006 年进入南都娱乐周刊的，从首席记者干到主笔，也只有在南都我被同事视为记者，被称为“老师”，而在社会上和娱乐圈里我是以“狗仔”成名的。今年《三联生活周刊》给我做了大篇幅的专访，标题是“中国式狗仔队成长记”，称我是“国产八卦的制造者”。《人物》周刊也做了专访，文章标题是“狗仔队长”。这两家有影响的周刊为何会采访我呢？我想一是他们想听我讲讲偷拍背后的故事，满足人们对狗仔队这一职业的好奇心，同时通过我们的工作，探讨下市场化潮流下新闻报道的自由和底线。我从不讳言自己是一个“狗仔队”，但我也想告诉人们我同时还是一个有着新闻信念和尊严的记者。

做记者至今已经 14 年，前面两年半干的是跑电影口的“娱记”，后面开始了自己的“狗仔队”生涯。

当记者时我已经 29 岁，无比珍惜这份来之不易的工作，在我当时狭隘的认识里记者是一个非常体面光荣的职业，出去采访应该处处“远接高迎”，被人们“高看一眼”。尤其是“娱记”在很多人眼中是最好混日子的，参加发布会拿红包发通稿是工作常态。但很快发现其实不然。

记得参加一部电影的首映式，散场时惊喜地发现了张艺谋的身影，我迅速地挤上前去，递给他一张名片，顺便想了解下他正筹拍的新片情况，张艺谋眼皮都没抬一下，扭头就走。其实像张艺谋这样不理睬还是最好的态度了，之后被人嘲笑、辱骂，甚至殴打这样的事情，有的我亲身经历过，有的亲眼目睹过，“记者”这个在我眼中“阳光下最优越”的职业，现在存在着严重的价值流失。

以记者的身份干上狗仔队的工作后，我遭受到的嘲讽、谩骂、污蔑就更多，“狗仔队”一度“国人皆曰可杀”。现实让我暗下决心：我要为记者这个行业“争气”，要为“狗仔队”争口气。

我从不讳言自己是一个“狗仔队”，但我也想告诉人们我同时还是一个有着新闻信念和尊严的记者。

二

在我眼中狗仔是记者这个行业里一个特殊工种，也是记者的组成部分。

狗仔需要“争气”，从哪里“争”呢？显然还是要从自己的工作出发，用独家的新闻报道体现自身的工作价值。

一说狗仔队，人们马上就会想起八卦偷拍，一想起八卦，就会认为“不靠谱”，而我一直用自己的工作打破人们的这种片面认识，用新闻的真实性说话。

我的报道，新闻构成除了偷拍的照片外，大都还有后续的调查采访。我一直坚持把偷拍和调查结合起来，不仅有“物证”，还要有“人证”。

如 2013 年我做的章子怡汪峰地下情曝光的新闻，引起很大轰动，之前因为媒体没有掌握到一手的证据材料，两人一直对恋情予以否认，我和风行工作室摄影师经过将近一个月的跟踪，终于拍到了章子怡和汪峰酒店幽会的照片。我还通过进一步的调查采访，挖掘新闻的内幕细节。虽然这一部分工作有时很费力，但必不可少，能够使报道更加真实可信。章子怡和汪峰恋情曝光的报道，文字调查部分有几千字，仔细梳理并披露了两人相恋的经过和细节，其中主要内容按照“循时考”这样历史作文的形式来写。这篇报道出来后章汪再也无法否认了，后来引发了笑翻网络的汪峰“上头条”事件。

这么多年来我对每一篇自己报道过的“大八卦”都力图从偷拍和调查两方面取证，努力做到真实详实，虽是八卦，却是不争的“定论”，久而久之，《南都娱乐周刊》在新闻报道上的公信力得到广泛的肯定和承认。

三

在娱乐新闻报道上，我常面临着一个啼笑皆非的“怪圈”：当我做出一条大新闻后，

代表作品 2

作品名称：张艺谋超生系列报道

刊载媒体：南都娱乐周刊

发表时间：2013 年 5 月、11 月

作品影响：系列报道步步紧逼，把事件不断推向高潮，图文并茂地向公众揭示出真相：率先拍到张艺谋妻子及其子女照片，证实了人们对张艺谋隐婚超生的怀疑；独家曝光张艺谋和妻子的亲密合影以及子女的生活近照，迫使张艺谋发布声明，承认超生并且向公众道歉。

COVER 封面

陈婷

张一丁

张一男

“再婚门”真相水落石出

张艺谋娇妻爱子首曝光
家庭和睦男丁帅气

去年张艺谋和老搭档张伟平分道扬镳，在这对昔日的铁哥们决裂的传闻乍现之际，突然被《金陵十三钗》剧组开除的演员何珺爆出了张艺谋秘婚、已生三子的惊天猛料，一时间媒体和公众如遭电击，接着便纷纷展开了广泛的“深入挖掘”，但奈何张艺谋传闻中的妻儿隐藏极深，其本人更继续坚持一贯的沉默以对的作风，媒体的报道一鳞半爪，所知有限，一直在真相边缘打转。虽然至今张艺谋再婚生子的新闻未被当事人证实，但已没有多少人不相信确有此事，本刊记者对此事件也一直牵挂在心，近日终于取得进展，勘破行踪，张艺谋的娇妻爱子“千呼万唤始出来”，同时在记者追寻之下，真相“当不远矣”。

采写_本刊记者 卓伟 摄影_本刊记者 风行

代表作品 2

作品名称：章子怡汪峰北京一夜

刊载媒体：南都娱乐周刊

发表时间：2013年10月9日

作品影响：之前媒体没有掌握一手材料，两人一直对恋情予以否认，经过将近一个月的跟踪，终于拍到章子怡和汪峰酒店幽会照片。还通过进一步的调查采访，仔细梳理并披露了两人相恋的经过和细节。这篇报道出来后章汪再也无法否认了，后来还引发了笑翻网络的汪峰“上头条”事件。

总是被人质疑为“炒作”，或者这项工作在一些人眼中也是可以随意被收买的，可以充当别人的工具。

如2013年初产生轰动效应的董洁和王大治海口偷情激吻的新闻。2012年10月董洁和潘粤明婚变消息爆出后，董洁发布声明，称潘粤明雇佣狗仔跟踪偷拍她。该声明此处虽未点名道姓，但业内都明白指的就是我和风行工作室。面对这种抹黑式指责，我只有用新闻来为自己“正名”，只有“真相”才能为自己“争气”。经过长达三个月的跟拍，2012年春节前风行摄影师在海口拍到了董洁和王大治幽会激吻的照片，报道后当初董洁对我和风行团队的指责污蔑一下子烟消云散，很多人还为我们的报道叫好“点赞”。

多年来的工作体会告诉我，新闻真实是第一原则，纵使是八卦新闻也应把真实性放在首位，虽然有人说过“娱乐圈没有真相”，但对于一个记者来说，还是应该努力去挖掘还原事实真相，因为这是自己职业价值之所在。

娱乐圈本身光怪陆离，利益纠缠，一人两面，作为报道其中“大事小情”的媒体记者，乃至“狗仔”，应具有一定的怀疑精神，不要为表面现象所蒙蔽，更不能轻信那些伪装。莎士比亚曾说过“怀疑是理智的补充”，谓之信然。

2012年春节后有业内人士向我透露，蒋雯丽与其经纪公司的男演员黄轩好上了。虽然这一传闻后来被不少人否认，认为蒋雯丽这样的艺术家怎么会干婚外恋加姐弟恋这样的事情呢？但我凭借对娱乐圈的了解，认为该传闻具有一定的可信度。某天我获悉黄轩独自前往大连，便把这一消息转告给了风行工作室，风行摄影师赶往大连，经过几天蹲守，拍到了蒋雯丽和黄轩一起吃饭回酒店的照片，虽然从图片视频上看，蒋黄“有事”的证据并不充分，但我根据调查了解的情况，还是进行了报道，产生了很大的轰动效应。蒋雯丽经纪公司派人给我打电话，问“有没有拍到房里？”，这简直是不打自招。新闻爆出后不久，又有网友拍到了蒋雯丽和黄轩在法国约会的照

代表作品 2

作品名称：董洁王大治激吻搅乱离婚案？

刊载媒体：南都娱乐周刊

发表时间：2013年3月20日

作品影响：2012年10月董洁和潘粤明婚变消息爆出后，董洁发布声明称潘粤明雇佣狗仔跟踪偷拍她，该声明此处虽未点名道姓，但业内都明白指的就是我和风行工作室。面对这种抹黑式的指责，卓伟用新闻来为自己“正名”。报道后当初董洁的指责污蔑一下子烟消云散，很多人为报道叫好“点赞”。

片，进一步证实了报道的真实性。

去年我还报道了陈鲁豫出轨约会富豪的新闻。获悉陈鲁豫和一位男士去上海时，我正在沪出差。陈鲁豫虽没有离婚，但根据我和风行的跟拍发现她老公早就从其身边消失了，因此推测她的婚姻已发生了问题。于是，当天我和风行摄影师推迟归期，对陈鲁豫进行跟拍，结果捅破了她的婚外情。法国作家安德烈马尔罗说过："一个人的真正的面目，首先是他隐藏起来的那一部分。"对于记者和"狗仔"来说，要想发现并识破娱乐圈那"隐藏起来的一部分"，就应该具备怀疑精神、高度的新闻敏感性和敢于报道的勇气。

四

很多人对"狗仔队"好奇的一点是:狗仔记者是凭借着怎样的忍耐力，度过漫长而无聊的蹲守时间？其实人们只想到了狗仔队在新闻现场的坚持和执着，而忽视在深入调查挖掘新闻背后的真相时，同样也要具备执着精神和不抛弃不放弃的毅力。

为了报道新闻，拍到有说服力的图片，我和风行以前曾有过长达数月的跟踪蹲守。比如张艺谋超生报道，从2012年3月知情人爆料张艺谋隐婚超生，我便开始关注这一事件，但苦于没有线索，开始我们只能到张艺谋家进行蹲守，但无功而返，直到2012年5月我和风行才拍到张艺谋妻子、儿子离京返京的照片，10月才找到张艺谋妻子、子女居住的别墅，曝光了她们的生活现状，并且通过深入调查，了解了他大量隐婚超生的内幕细节，从开始关注蹲守到"大起底"，时间跨度长达一年多。有不少这样的新闻开始时没有追踪线索，我先把它当成"存货"，然后再慢慢地通过各种途径去打听调查，凭着这股"久窥时机，以求一报"的劲头，最后挖掘出了真相。

现在在娱乐新闻报道上，八卦偷拍已成为其中一个重要部分，所占比重越来越大，"狗仔队"的工作突破了发布会、专访、发通告这样的常规报道方式，让大众看到了不一样的娱乐新闻。

以前我常羡慕外国狗仔队那样"千里追踪"，"明星能往，我亦能往"的自由条件，因为只有这样才能及时有效地拍到第一手的新闻。在去年我和风行配合报道的，如董洁王大治海口幽会偷情、伊能静杭州遭遇性骚扰、蒋雯丽密会小情人、陈鲁豫出轨富豪男友曝光等重大娱乐新闻，都是通过"外拍"完成的。而在"外拍"追踪的过程中，对自身能力和素质也是一种锻炼和提高，同时我还感到“狗仔队”的工作有时比社会调查记者的难度还大，因为我们常常得不到人们的理解和帮助，需要自己想方设法地克服种种困难，而未来的新闻工作也更加需要记者“动起来”，“跑起来”，当“宅男宅女”肯定做不到好新闻。

我讲“狗仔队”要“争气”，要维护自己的“新闻尊严”，最重要的还有一点就是要坚持工作的独立性，不能被外界力量所左右。

这其实也是一个老生常谈的话题，又有谁能够真正做到这一点呢？我只能说立足自己的岗位，努力去做自己工作的“主人”。

娱乐圈和新闻界关系最紧密，有着千丝万缕的联系，娱记报道娱乐新闻，也不可能与这个圈子保持“真空隔离”的状态。但首先要明确自己的身份，站稳自己的立场。

接受采访时我曾说过，做娱记十几年我没有一个明星朋友，我也从没有想跟明星交朋友，没有想过向娱乐圈里扎，即使为了工作有几个经纪人制片人的朋友关系，他们也不能让我违背自己的工作底线。

尤其做“狗仔”，报道的欲望更加强烈，费尽九牛二虎之力，好不容易才拍到了，怎么可能不报出来呢？那种报道的心情有时已经超越报道本身，所以虽然有不少人找我撤稿子，买照片，但几乎全部都被我拒绝了，我知道真实、独立是新闻工作给予我最大的正能量，做不到这两点，何谈争气、正己、尊严呢？

虽然“狗仔队”早已成了我职业身份的代名词，其实我在心里最想把自己比喻成“孙悟空”，孙悟空为争一口气，反出天庭，自立为王，我没有孙悟空那样的本领，只能继续用更多更真实精彩的新闻为自己争气了。

（作者系南都娱乐周刊主笔）

围观
卓伟
3

我的同事卓伟

许伟淳

在写这篇文字之前，我上网搜索了关于卓伟的报道，发现媒体眼中的卓伟和我了解的卓伟并无两样，西装革履，黑色皮鞋，金丝眼镜，长相周正，在这种类似于公务员或商务人士形象中，流露出的是一种文质彬彬的气质，无论是谁，决不能将他与偷拍大腕联系到一起。我也是如此，我对他最深刻的印象是每年的年会前夕，他一定会穿着以上的职业装提着公文包，像行政部干部那样走进广州编辑部，一看到许久不见的我就乐呵呵地打招呼说："你好像又胖了。"

我觉得媒体小小不妥的一点是：给卓伟拍摄的写真照片中，总是要给他手里塞上一部照相机，好像少了这个道具就没办法表现他的职业。在那些图片中，卓伟远眺前方，眉头紧锁，右手的食指已经搭在快门上，一旦发现"敌情"便果断按下。这个手法确有表现其职业特点的必要性，但我觉得，让他握着一本书更能体现他的风格特点：他是那么喜欢阅读，阅读的熏陶让他充满书卷气，这种气质也是媒体不能将他的形象和大名对上号的原因。

卓伟喜欢读书，也喜欢买书，每年趁着开年会的机会，他都要去一趟香港，回来时行李箱里塞着各种港版书，还打开让我们观赏一下他的战利品。他甚至还上孔夫子网淘旧书，有一段时间，我上风行工作室公邮收稿件，时常要在无数孔夫子网待付款和发货通知的邮件标题当中，寻找我需要的稿件。他闲下来的时候还会跟部门文学硕士专业的同事讨论文学，他最近在朋友圈推荐的书籍是松本清张的《半生记》，他在推荐语中写到："推荐大家看看这本书，感同身受，热泪盈眶，最好的励志书。"

书读多了，让卓伟有时像一个舞文弄墨的老派文人。2012年6月赴广东开平千里追踪章撒恋，经过多日蹲守终于拍到了章子怡和撒贝宁一起甜蜜游玩的独家照片。在归途的飞机上，欣喜之余的卓伟拟出一首七律，以志偷拍之旅，从这首七律我们可以窥见到卓伟另一种情怀：碉楼古堡不

@邵欣：曾经有一本名叫《偏执狂才能成功的书》，卓伟这个人就算是有些“偏执狂”，其实更多的是种执着的个性，对自己认为可以成为事业的新闻理想的偏执。可以称为大陆狗仔队教父的卓伟，在生活中是个和蔼豪爽的天津人，“嘛玩意”是他的口头禅。狗仔虽然会被很多人不耻，但是对卓伟来说通过报道影响更多的人，改变些现象那已经是一个人最大的成就了。

须看，苦寻芳踪过重山。涧流奔涌同击水，玉米飘香共尝鲜。十载“说法”染桃色，一朝维权有高参。休叹富帅正当道，拨乱大任落君肩。

卓伟在待人接物上很平易近人，对待朋友、同事，或是陌生人都很随和，也许这也是他能深入基层获取第一手信息的秘密武器。2014 年 1 月中旬，南都娱乐周刊在珠海某温泉度假村开年会，一天夜里，在地热带长廊上睡着一二十个烤背的游客，男男女女大摆摊尸状，一动也不动。我们三四个同事混迹其中，听卓伟海聊他的跟拍经历和圈内八卦，等到我们起身要走的时候，那些原本身体僵硬的“尸体”不干了，纷纷坐了起来，有让八卦哪个明星的，有恳请卓伟躺下来再聊一聊的，卓伟回答了那些提问，边走边笑着说：“娱乐圈八卦，三天三夜也聊不完！”

一旦投入到工作卓伟则是另一种状态：严肃认真，没有什么情面可讲。他与明星艺人的关系颇为“紧张”，工作形态决定了这种对立的气氛，即使艺人想拉近和他的关系，他也持冷漠的态度。他在接受采访时说过：“我不会跟他们成为朋友或者特别熟，我做这个工作有一个原则，就是不跟他们交朋友，我跟他们也交不上朋友。”工作状态中的卓伟不太随和，在采编业务上也是据理力争，有一次开会，一个女编辑回忆了当她还是读者的时候，看到一篇本刊记者电话采访汤唯的报道，文章一开始就是一段巧妙的对话：“喂，你是汤唯吗”？“不是，我是外星人”。女编辑对记者的这段对话设计表示了赞赏。在场的卓伟马上否定了这种观点：“这怎么能算是记者的巧思呢？任何记者在遇到这种情况下必然都会记录下这个细节。如果要说是记者的巧思，应该是问汤唯‘你是汤唯吗’？‘是的，我是汤唯’。‘你怎么是汤唯呢？你是外星人吧’？‘是的，我是外星人’。这样才能算是记者的巧思。”

北京明星扎堆，拍几组艺人照片在常人眼里似乎不成问题，但是卓伟却不忘有步骤、有计划地寻找头条，比如他在2012年年初就制定了上半年四大拍摄任务：杨幂刘恺威、高圆圆赵又廷、韩庚江铠同和章子怡撒贝宁，这四个重磅新闻成为当时卓伟最紧迫的任务。功夫不负有心人，不断的努力换来了应接不暇的娱乐头条，每当编前会收到卓伟的头条选题，我们总是会打趣地说："卓伟又吃上饺子了。"踏入2013年，卓伟团队的脚步并没有放缓，而是继续高歌猛进，柴静恋情、董洁王大治、张艺谋陈婷、章子怡汪峰、李云迪新恋情等头条纷纷出炉。

名气越来越大，卓伟成为了娱乐新闻里重要的制造者。"八卦偷拍"虽然备受读者欢迎，也遭一些人批评，但卓伟并不介意那些反对的声音，他常常在交上来的稿子里愉快地自称"狗仔"，有时改稿的时候我会默默地把这个词换成"记者"或者"摄影师"，而在他看来，这个初衷原是贬义的词汇是实实在在且光明正大的一种工作，和其他职业没有一丝一毫的区别。他的自信发自内心，他对新闻的热情也同样发自内心。

2010年年初部门聚餐，卓伟干杯的时候透露说："今天是我入行10周年的日子，希望我能在这一行里再干10年！"如今已经踏入2014年，卓伟距离他许下的年限还有6年，不过我猜他6年后也不会停下来，因为他很享受这份职业带来的的成就感和自豪感，在它们的感召下，卓伟还会继续朝着第三个10年迈进。

（作者系南都娱乐周刊记者）

曹轲点评 关键词：真相

有图未必有真相，区别在于事实是不是精挑细选有意透露的。记者的身份是便利也是障碍，当你被当成记者，你的采很可能变成了记，永远只记下别人需要你记的东西。物证人证是印证的手段方法，不入圈子才是独立报道的基础。低调卓伟，特立独行，让新闻接近隐藏的真相。

周洁

毕业于浙江大学，先后供职于深圳法制报、深圳都市报。2004 年进入南方都市报，曾任深圳专刊部编辑，深圳新闻部记者、编辑及要闻部编辑。

喜欢旅游，为省事省心及省钱，基本都是跟团游。爱好养猫，认为万事皆空。

在陌生中延展生命

跨界

2013年度记者 入选理由

带领星暹日报采编团队，报道2013年泰国示威游行报道，连续十多天现场新闻图文并茂，在泰国华文媒体中独树一帜遥遥领先。策划多个专题报道，如《中资企业在泰国》；负责《曼生活周刊》内容策划及编辑；负责微博管理团队，新浪ID“泰国星暹传媒”成为在泰华人及中国人了解泰国的权威消息源。

记者
感言
1

作为一个36岁的青春期末段妇女，一个人在泰国，租一间小小的公寓，单间，没有厨房，没有电视，没有冰箱。除了同事之外，基本不认识什么当地人，就算在泰国呆了一年之后，也没有学会几句泰语。每天花1小时上班，步行加地铁再转公交车。晚上8点回到家后，惟一的娱乐是刷手机。虽然泰国有丰富的旅游资源，可是我不喜欢夜店、不喜欢海岛，也不是那么喜爱购物。工资本来就比国内时少一半，又逢人民币大升值泰铢大贬值，天天流着泪看泰铢工资在缩水。

我不知道有多少人愿意过这样的生活，其实这样一总结，我都觉得看起来是蛮悲惨的，而我居然并没有发现自己的惨，充分说明我神经的坚强和大条。以及，这种生活本来就是适合我这种人吧。

这一年在泰国的工作

“你们为什么要去（来）泰国？”不论中国朋友还是泰国同事，他们都会充满疑惑地向我们提出这个问题。通常我们都面面相觑，不知如何作答。

南方报业首批赴泰与星暹日报合作的6名长驻人员，来自不同报刊或部门。如来自云南信息报驻泰办事处的林胜与李云美；来自风尚周刊广告部的钟文鑫；来自南方都市报的何云（原美术设计）与本人（周洁，原要闻部编辑）。

对于南方报业来说，进军异国报业市场，选择与泰国星暹日报合作，当然有宏观的战略考虑与远大的目标计划。而具体到我们个人，为什么要去泰国？每个人都会有不同的答案。

无论怎样，我们来了。当谭智良报了一个比我当时的月薪低一半的泰国工资水平时，我没有犹豫地说，“可以，够吃饭了。”从准备到启程，不到半个月的时间。2013年2月，元宵节刚过，出发赴泰。

南方都市报与云南信息报、江淮晨报合作时，我曾作为轮岗人员参与改版。但是眼前的这份报纸，以及报社人员构成和运作方式，都有点超越办报人的常识。先说人员配备，编辑平均年龄逾 60 岁，一名且仅有一名年逾 7 旬的老记者，除新招的中国籍留学生外，大半老员工都不懂电脑操作。稿源全靠翻译，负责采编的副总早上来把当天泰文报纸上重要的新闻剪下来分派翻译，晚上 5 点准时下班。编辑将翻译好的稿件写上标题标上头条二条后，交给组版员，然后就走了，走了，走了……组版员随心所欲地将一个版拼满，字少了就拉大行距，字多了就缩小字号。老记者黄振忠兼具签片老总的功能，最后检查一下新闻摆放是否有疏漏。晚上七点半，这份 24 个版、与《南方日报》一样开本大小的日报，就送印厂了。

谭智良原来的计划是，先适应观察三个月，逐步进行改版及人员调整，但 3 天后，谭总按捺不住了，"立刻改版，能改多少算多少。" 刚刚放下行李连路都没摸清的我们，二话不说动手了。

不论结果如何，我都很感谢有这样一段经验和人生。常常觉得，如果在一个城市一个位置呆十年，最后不停在重复的话，十年和一年又有什么区别？生命的长度和人生的宽度，就是在一次次陌生中延展。

有许多预料之外的困难。比如之前我做好了一个改版方案，按谭总意见，先缩小开本及扩版，率先遭印厂否决。要编辑没编辑，要记者没记者，想找人轮岗吧，又要考虑成本。原来做头版及本地新闻的中国籍留学生，习惯了给完稿就走人，在我们提出要盯着版做完的要求后，愤而辞职……

事实上，直到现在，改版将近 10 个月后，我们仍然只有 5 名编辑（3 名是年逾 6 旬的老编辑，1 名刚刚入职，1 名是原南都摄影实习生，在做编辑之余还要兼作摄影记者）、2 名记者（刚毕业或仍在读书的在泰中国留学生）。

我在管理上述采编人员及版面之余，兼做编辑（缺人时一天要做 8 个新闻版，人送外号"章鱼周"）。同时编辑消费类周刊《曼生活》、负责与合作机构联络，譬如中新社、新民晚报、南方报业等（由于编辑力量不足，每天向中新社订购 6 个版）、管理《星暹日报》官方微博，平时各类专题策划及现场新闻报道指挥当然也只能由我上。我经常向旧同事们戏谑：记者编辑美编签片微博，我一个人干全了。

采编部门如此，其它部门也差不多。譬如负责广告部的钟文鑫，手下有一多半不懂中文，也不太能适应中国式的多劳多得薪酬体制。负责设计部的何云，兼职做起了官方微信，精心经营下粉丝还不少。

去年泰国最大的新闻当然就是反对派游行示威，我们两个记者之前没有经过正规新闻培训，连消息稿都不会写，完全凭着一腔年轻热血就上阵了。尤东婕，泰国在读研究生，24岁的女孩子，一直冲在最前线，反对派推路障翻墙的时候，她就站在半米外拍照。和当地泰国记者混熟后，总是能提前拿到政府新闻发布会消息，先后采访到泰国总理英拉和副总理素拉蓬，第一次记者会没抢到提问机会很懊恼，第二次就站起来抢着提问，“政乱对中国和泰国高铁生意有没有影响？”副总理回答后，又冲上去和人家拍合影。初生牛犊不怕虎的精神得到充分体现。可是，这样的未来女汉子，也有被吓哭的时候。一次示威现场采访时，突然人群开始暴动，反对派揪着一个路人莫名地狂殴，尤记者在十几米开外，被四溅的鲜血和暴怒的人群震惊了，当场哭泣起来，还不忘用手机拍照，声情并茂地发回微博现场报道，这条微博也获得了数百万点击率。

另一位年轻记者汪珀宇，则充分发挥自己特长，深入泰国边缘人群采访，撰写的

代表作品 2

作品名称：曼生活周刊

刊载媒体：星暹日报

发表时间：2013年8月起每周六16个版

作品影响：2013年创办曼生活周刊，独力负责策划及编辑。主打泰国消费新闻，全方位报道泰国吃喝玩乐资讯，版面新颖活泼，专题丰富多彩。

"2013泰国普通人的一年系列报道"，充满细节和真实感地反映了泰国变性人、男妓、同性恋等群体的故事。

而摄影记者兼编辑万家更是一个为理想牺牲的典型。她的专业是摄影，之前在南都实习时也是摄影记者，但在星暹日报不可能只做一个专职的摄影记者，所以她平时以做编辑为主，有重大事件时才上阵拍照。可是就为了这一点实现摄影理想的可能性，她还是来了，每个月房租就得花掉工资的近一半，工作一年后还在靠父母供血。游行期间她拍的图片除供本报外，还被专业图片社购买，虽然一张照片才卖几十块，可是她骄傲得不得了。最后她更做出"丧心病狂"的事，因为在泰国一时买不到防弹衣，她让朋友在中国买好，周末专门飞回去拿，第二天就飞回来，成本投入巨大，却丝毫没有想到要报社承担（家境不好者勿模仿）。

这一年在泰国的感受

"泰国多好玩啊，你们闲着没事就可以游遍泰国了。"这是不少中国朋友在得知我去泰国时发出的艳羡。现实却是，除了一次朋友来访陪着飞了一趟清迈，有几个周末逛了曼谷周边景点外，扑面而来的除了工作，还是工作。

所以，我们究竟为什么要来泰国？当中国的"嫦娥"登上月球的时候，有不少人发出了"我们为什么要登上月球"的疑问。在众多常规回答之中，我最喜欢的一个是，"当初动物为什么从水中登上陆地？"

就我个人而言，我从来没有在国外长期工作的经历，这样一个机会简直是千载难逢。我喜欢新鲜事物，喜欢旅行。从来不认为自己需要什么安定的生活，随时打包个行李就准备出发。虽然事实上我和"驴友"这个概念完全不沾边，从来出游能报团就报团，也从来不搞什么深度游，看看不同的风景，旁观一下这个世界，就觉得很足够了。和各种不同的人交朋友？哦算了吧，人性其实在哪里都是差不多的，再说互相刺探互相迎合难道不是非常耗费心力的事吗？

但在泰国一年，已经足够让我看到了世界不同的部分。譬如，在泰国呆了三个月后第一次回深广，一进深圳地铁，就觉得耳内闹哄哄一片，有人在高声讲电话，有人在同伙伴调笑。人们言行举止莫不旁若无人，让我这个异域归客蓦然受到冲击，"原来泰国那么安静"。泰国地铁上，极少有人讲电话或谈话，就算有，也多以手掩口，低声到旁人听不清的程度。

曼谷满街都是小贩，摆一天摊后，摊主会自觉清扫，地面始终保持一定的洁净，这里不仅没有城管，警察也很少见，也不见什么乱象。

去年 11 月曼谷开始的全城游行全球瞩目，这样规模的人群聚集，在中国会发生什么事真是挺难想象，可是至少到目前为止，游行集会保持和平，数百万人上街，也没有推搡拥挤，我们的摄影记者去拍摄时，忘了拉包链，在人群中挤了几小时后才在旁人提醒时发现，财物毫发无损。

这里的狗、猫、鸟都不太怕人，尤其是鸽子，一群群大摇大摆在小贩的摊档间穿梭，人走近了才摇着胖身子避一下。湄南河码头边，随便扔点面包，就有无数大鱼翻上来，也从来没见有人钓鱼。

更别说泰国以微笑国度知名，认识不认识的，都以微笑相迎。在街上中国游客是特别好辨认的，表情有点僵硬、严厉，带点戒备或嚣张的，多半就是。

说了这么多，好像都是在说泰国的好，对比着中国的不好。当然这世界哪有完美，论硬件，泰国和中国就不能比，譬如曼谷作为一国首都，不少地方破破烂烂，

代表作品 2

作品名称：泰国 2013 乱局系列报道

刊载媒体：星暹日报

发表时间：2013 年 11 月

作品影响：2013 年 11 月以来，泰国反对派发动针对政府的大规模示威集会，动乱延续至年底。记者一直在第一线采访，与示威人群零距离，通过微博及报纸给读者一手新闻。其中在微博上多条记者现场直播被“微天下”等转发，影响了中国众多网友，阅读率逾数百万。在报纸上也以图方并茂的形式，全方位报道了此次乱局，在泰国华文媒体中遥遥领先。

Lactasoy 星暹日報 THE SING SIAN YER PAO DAILY NEWS Custard Cake

红衫在集结
反政府组织休息一天
华目体育场外街头暴力初现

现场直击 各府红衫军陆续抵达曼谷 反对派学生打砸车辆行人

泰国政府设立“战情室”密切监控局势

总理坦承 当前局势非己所能解决

泰国军方称将保持中立 但若发生暴力则介入

维安中心:尽力保各方安全 不对集会使用武力

外媒质疑防长陆总威严

交通规划混乱，堵车严重。晚上到了唐人街，不少脏臭的流浪汉席地而卧，告诉我们这个国家底层生活的不堪。两年一政变的政治现状更是后患无穷，生生拖累了国家的发展。

可是，如果不出来，不长呆，很多东西是无法感受和慢慢沉淀的。每当我看着自己的存折神伤的时候，就会劝自己，花钱买体验也是值得的。

我显然没有来泰国赚大钱成就大事业的雄心，但在职业层面来说，《星暹日报》作为南方报业的一个项目，当然还是希望最后有比较好的成果。而不论结果如何，我都很感谢有这样一段经验和人生。常常觉得，如果在一个城市一个位置呆十年，最后不停在重复的话，十年和一年又有什么区别？生命的长度和人生的宽度，就是在一次次陌生中延展。

不是每个人都要一种活法，也不是一种活法适合每个人。少评价别人，少苛责自己，以万事皆空的角度看待这个世界，这似乎是泰国人普遍的人生准则，倒似乎和我不谋而合呢。

（作者系星暹日报总编辑助理）

围观
周洁
3

没有比"女汉子"更适合她的词了

万 家

刚被托付写这篇文章时十分心惊胆战，一是自己不是文字工作者出身，二是要写的对象还是自己的顶头上司，写不好简直是不想活的节奏。但鉴于在这泰国的大半年里，也基本只得我们俩女的日日厮混在一起，因而不得不惶恐地接下这一重任。

还记得刚见到周洁的时候，是在泰国最炎热的4月。彼时的我刚在网上征得她同意来曼谷实习，还特意在来前把她的微博刷了个遍，看后唯一的感想就是未来女上司的面相看起来很严厉而且不好相处。但当她穿着红色小碎花连衣裙来地铁口接我再顺手把一袋行李扛肩膀上的时候，我之前关于她的设想在那一瞬间都推翻了个遍，渣都不剩。

来曼谷前我还是一个摄影实习生，可以说对文字编辑是一窍不通。来这后每天跟在周洁后面学习如何找新闻、写标题、删段落和编新闻上版，周大神总是能神速又迅猛地将我费尽脑汁无从下手的标题改得既直白明了又吸引人，我每每只得张大嘴巴剩个"O"字。因为初来乍到，犯下的低级错误也一大箩筐，放在其他报社早死一万次了，但周洁也没嫌弃我，各种要注意的事项反反复复地提醒，一次她非常严肃认真地跟我说："我不喜欢跟蠢的人在一起。"害得我心惊胆颤了好几天，后来我俩还是一起正常地下班回家我才松口气，周大神大体上还是个刀子嘴豆腐心的人。

说周洁女汉子其实并不是体现在她的穿着打扮上，而是她强悍大脑的CPU运转速度。还记得泰国政治动乱的初期，我要去现场拍照，编辑又回国了，整个报社只剩她一个负责国内国际的新闻查找、版面编辑以及签版，那几天她都是一人包办了所有的版面。傍晚我完成任务回到报社发稿，看见她迅速而又淡定地穿梭在各个组版员的电脑前发号施令，内心崇拜得五体投地。有一次试过负责她一半的工作量我觉得都要挂掉了，而且据说报纸改版初期我还没来的时候，她都是一个人负责做十几个版，难怪就连我们的董事总经理兼总编辑谭智良都说她是以一顶三的女汉子。

虽然周洁是女汉子这个说法是报社上下一致公认的事实，但如果以为她

@何云：周老师是个女汉子，这个总结其实胜过千言万语。刚来星暹日报改版初期，面对老报社一帮老弱病残，干脆一个人包揽所有二十几个版的采编！战斗力甚为惊人。周老师说话、做事、为人都噼里啪啦干脆利落、爱憎分明。跟周老师工作共事会特别省心，其特有的敏锐度和超强的逻辑思维能力让事情都变得容易。周老师对数字有天赋，说快把闲钱放余额宝，我就照办准没错。

真像一个汉子就大错特错了。她热爱逛街、美食和研究衣服饰品。曼谷大大小小的商场只要在推荐攻略里出现过的她都逛了个遍，连带每个商场的餐厅层她都了如指掌。我们吃饭前最常干的事就是把每个餐厅门前的菜牌研究仔细，或许其中一家店的打折优惠活动明天就会出现在我们报纸的版面上。说到这又不得不提周洁的敬业爱岗模式转换得非常快，还记得有次我们准备去一个商场看包，途中偶遇反政府示威游行，周洁立马拿出手机前前后后地对着游行队伍左拍右拍，再跑到舞台跟前拍了一通，刷刷发了几条“星暹实时报道”，还没等我反应过来，她就就挥了挥手招呼我可以走了。

我一直怀疑周洁前世是只猫，不然缘何今世性格如此的像猫。她内心强大而且淡定，从不依附别人，成熟中又带点天真，对猫有近乎偏执的喜爱。我们回家路上的所有猫，不管是活泼的还是傲娇的都已拜倒在周洁的石榴裙底下。我每次看见周洁学着猫叫召唤来大批猫咪，趁它们吃猫粮的时候戳它们，抱在怀里跟它们说话，我都心想，周大神你这么萌，你男朋友知道么？当然，据说强大的女汉子是不需要男朋友的。

（作者系星暹日报摄影记者兼编辑）

曹轲点评 关键词：跨界

跨区域合作，是南方报业的长项，跨国办报还是第一次。文化冲突和理念冲突必须面对，场景语境和思路语法相应转换。从冲突到妥协，从交锋到交流，从和解到融合，跨界的过程是自我超越的过程。敢于面对跨界挑战的周洁，延续了南方报业之路，延展了人生的长度宽度。

周鹏

南都周刊记者，喜爱感受自然，常深入社会了解风俗人情，游走于国内偏远原生态地区，遇事遇人皆泰然观之，安然待之。心胸特别宽广，性格特别随和。人生格言：人间自有真情在，走到哪里都有爱。

2013，与朝鲜有关的两次采访

记录

2013年度记者 入选理由

周鹏，2013年最重要的两个报道是《朝鲜来客》、《大师王林的朋友圈》。他擅长梳理复杂的社会关系，能与贩夫走卒打成一片，也能周旋于名流圈，打通调查的各个关键环节。他是中国内地第一个深入调查朝鲜脱北者逃亡路线的记者，他在浮躁的时代能沉下心，用文字展现一个陌生而又吸引人的世界。

记者感言 1

2013年3月下旬，我去边境城市丹东采访做中朝贸易的中国商人。在这之前，代号“秃鹫”和“关键决断”的美韩大规模联合军演正让朝鲜半岛笼罩在战争阴云中。朝鲜《劳动新闻》以习惯性的强烈口吻宣布，前线部队“进入全面备战状态，等待最后一击的命令”。

一位在朝鲜新义州投资开设服装厂的商人心有余悸地告诉我，一旦开战，他的所有投资就会打水漂。此时的丹东，在那些表面一切如常的贸易公司里，墙上的电视成天播放着滚动新闻，贸易商人们随时准备结束岌岌可危的生意。

但枪炮声始终不来，那些决绝的战争宣言更像是一场国家间的心理试探。一个例子是，即便在时局最紧张时，朝鲜依然允许中国游客入境旅游。在丹东很容易就能找到提供朝鲜旅游服务的旅行社。游客只有两条路线可供选择——去平壤往返需要四天时间，费用是2600元，去新义州则当天往返，只需要680元。因为时间关系，我和摄影记者选择了新义州一日游。

报名时，旅行社工作人员帮我们填了一个假身份，“到那边后有人问的话，记得一定别说你们是记者，会惹麻烦”，工作人员严肃地告诫我们。还未出发，朝鲜的独特之处就已让人印象深刻。

3月24日是星期天，这天早晨，几十位中国游客嘻嘻哈哈地坐上了大巴。一位能说流利普通话的朝鲜女导游热情作了行程介绍后，话锋一转，先回顾中朝两国的历史友谊，后严肃地要求游客不要拍“不好”的场面，“中国自古以来都是礼仪之邦，希望中国游客做有礼貌的人。”在她的一再告诫下，大巴车里原本欢乐的气氛开始冷却。游客们变得拘谨起来，欢笑声消失了，窃窃私语取代了之前的热烈交谈。

不久后，在进入新义州的昏暗海关办公楼里，一位身着土黄色制服，个子矮小的海关人员用检测仪器挨个检查游客，让所有人都把长焦相机办理寄存。看着他脸上那严峻到无礼的表情，面面相觑的游客们没有一个人敢提出异议。

尽管此前早已看过不少朝鲜国内的图片，但身临其境后，时光倒流的感觉仍然异常强烈。在新义州的半天时间里，游客沿着朝鲜政府精心安排的路线，在宽敞的广场上瞻仰了铮铮发亮的巨大铜像；在革命事迹馆听讲解员讲述了朝鲜领袖异乎寻常的革命经历；在美术馆里观摩了精致而艳丽的朝鲜油画——题材几乎都是光辉的领袖形象和辽阔的江山。无论广场、纪念馆，还是铜像、油画，都有着一个共同的特点——大。所有人都要抬头仰视，才能一览全貌。

每到一处，导游就会提醒游客，不能随处乱走，更不能乱拍照。一个硬性要求是，拍摄领袖的雕像或者油画时，必须拍全身像。一旦有游客尝试走到稍远点的地方看看，马上就会有着便装的陌生人上前制止。这样的人在旅游团所到的任何地方处处皆是。你很难留意到他们，但一旦稍有违规，他们便马上出现在你面前。

没有任何朝鲜民众会跟游客打招呼，迎面而过时，他们总是面无表情，甚至把头转开，匆匆而过。

报名时，旅行社工作人员帮我们填了一个假身份，"到那边后有人问的话，记得一定别说你们是记者，会惹麻烦"，工作人员严肃地告诫我们。还未出发，朝鲜的独特之处就已让人印象深刻。

坐车离开新义州中心广场时，我发现临街所有楼房的阳台上都不见人影。导游告诉我，朝鲜人民喜欢唱歌跳舞，周末都到郊外游玩去了。但在郊外，我只见到一群群在农田里、沟渠间埋头劳作的人，他们附近的地上插着写有标语的红旗，正被寒风吹着猎猎招展。

新义州之行最后一站是参观当地幼儿园。年幼的孩子们以整齐划一到令人吃惊的节奏，作了一系列高水准的演出。在钢琴、手风琴、扬琴、长鼓的伴奏中，他们以稚嫩的表情和永远高亢的歌声，抒发着对领袖的祝福和对国家的热爱。在一个令人印象深刻的节目中，几名孩子举起玩具枪朝已经被打得落花流水的"侵略者"、"走狗"狠狠射击。

游客们对每一个节目都报以热烈的掌声，这是整个行程中唯一能放声欢呼的时候。离开幼儿园前，在导游暗示下，好几名游客给幼儿园园长送出了自己的"心意"。一位激动的湖南商人送了2000元。他让导游告诉园长：希望孩子们健康快乐地成长，希望朝鲜人民早日战胜困难。导游当即微笑着回应他：朝鲜人民很幸福，祝他生意兴隆。

返程大巴驶上鸭绿江大桥前，一位人民军军官模样的人登车逐一检查游客护照，体型彪悍的他从头到尾不发一言，唯有走近时，才能在他那隐藏在茶色眼镜下的双眼里看到一种让人心悸的阴沉神色。

直到大巴驶过大桥上的国界线，车厢里才又摆脱了行程中压抑沉重的氛围。邻座一对年轻夫妻互相拍着肩安慰说，这是他们经历过的最压抑的旅行。“回国真好，终于敢大声说话了”，丈夫表情夸张地说。

这也是中国贸易商人的共同感受。为了赚取利润，他们敢于跟全世界最封闭的国家做生意，用大至重型卡车、钢材、化肥，小至家用电器、服装鞋帽、日杂百货，换回美元、矿石、木材、海产品之类的货品。他们既享受过上世纪九十年代“闭着眼睛赚大钱”的黄金时代，也正经历着在那之后延续至今的微利时代的压力。

但商人们最担心的并不是市场的变化，而是生意对象那捉摸不透的行事风格和间歇性的爆发战争的风险。“只做贸易，不搞投资”，在丹东的商圈里，许多人有着这样的共识。一位老资格的贸易商人曾目睹过这样的可悲场景：他在平壤羊角岛饭店里与一名在朝鲜追债数年的中国商人聊天时，对方在激动中突发脑溢血，最终殒命在回国火车上。“如果对方想赖帐，那你就永远别想

代表作品 2

作品名称：朝鲜来客

刊载媒体：南都周刊

发表时间：2013年12月23日

作品影响：《朝鲜来客》对朝鲜脱北者和组织偷渡团伙这两个特殊群体作了深度报道，通过追踪代表性人物的命运轨迹，详细披露了长期潜藏于中国的脱北者这一群体的历史渊源与现时生存状况，并通过对多名组织偷渡成员个人经历的采访，细致呈现出境内外偷渡组织已运作多年的朝鲜——中国——东南亚——韩国这一偷渡路线各环节的情况。

追回自己的钱”，贸易商愤怒地说，“因为你再也见不到他了。”

贸易商只敢私下表达他的愤怒。按照他的说法，如果这些愤怒言辞被朝鲜方面知道的话，他就再也无法踏入朝鲜了。联想到新义州海关人员的严峻，大巴车上军官的阴沉，我对这位贸易商在自己明亮的办公室里也总是谨言慎语不再感到惊奇。

除非有无法放弃的利益，否则没人愿意生活在恐惧中。在结束丹东之行后8个月，我与同事再次到了另一处毗邻朝鲜的边境地带。这次采访的对象是在中国已隐现多年的“脱北者”，以及为这个群体提供偷渡服务的中国人。

在到达延边朝鲜族自治州的首府延吉市后，我们顺利见到了已在电话里沟通过的联络人——一位曾在当地做过多年中朝贸易的中年人。他是我一位早已远嫁日本多年的女同学的亲戚。在寻找采访对象的所有尝试都毫无进展之后，我想到了时不时在微信上用朝鲜语发言的她。她是朝鲜族，老家在吉林珲春。抱着试一试的心态，我在微信里给同学留了言。两天后，她回了两条信息，第一条说自己有亲戚能帮上忙，第二条是亲戚的手机号码。

姑且称同学的这位亲戚为老李吧。对记者来说，这样的采访对象的出现简直像中大奖一样值得庆贺——老李的一位侄儿十多年前娶了个朝鲜媳妇，而他们至今生活在距离延吉市只有一个小时车程的珲春市；老李早年跟人合伙经营过一家小公司，曾雇佣过三名朝鲜女性；更让人意外的是，在老李的社会关系里，有三个人曾为“脱北者”提供过偷渡服务。

见面后的一周多时间里，老李以令人振奋的热情，讲述了他多年来跟“脱北者”打交道的见闻；带我们沿图们江探访了紧邻朝鲜的珲春、图们两地边境线；除了知晓情况的其他关系外，老李更是想方设法地把两位参与过组织偷渡的朋友先后带到了我们面前。他们都是被判刑蹲过监狱的人，其中一人至今仍在假释期内。没有老李和他朋友的帮助，这两人不可能现身。这两人的过往经历，呈现出了组织偷渡团伙是如何通过数千公里的地下路线把数以百计的“脱北者”送往云南昆明的。这些“脱北者”将再赴云南边境，从山林茂密的西南边境再次偷渡前往东南亚国家，并转道前往韩国、日本等其他国家。

在珲春的一间屋子里，老李指着这两人的老板的照片——那位至今仍关押在监狱里的偷渡组织的组织者，讲述了对方的往事。

老李只拒绝了我们一次——在我们提出去他那位侄儿家采访的想法后，他想了想说，他只能带我们到侄儿家楼下走一圈，但不能进家门。他说侄儿媳妇多年来一直生活在被警方抓捕遣返的恐惧中，除了最可靠的亲字代号称呼的我愣了半晌，他说：这是我们共同完成的啊。我坦承接受不起如此过高的赞誉和肯定，这不过是对本职工作的不放弃使然。不过他的这句话，终究在我的脑子里盘桓了许久。

当晚，再接到最后一个来自任建宇的电话回复时已接近凌晨两点，他喝了酒，声音当中的透露出积郁已久的释放，他告诉我在听到这个消息之后将出门看电影的计划临时改成了这般形式上的庆祝，备感惊讶的同时也如释重负，这个结果总算对他自己的过往有了个起码的交代。作为法律声音的浦志强，作为观察立场的何三畏，以及作为经历角色的任建宇，是那天晚上我唯一联系过的三位对劳教制度从垂死疯狂到没入黄土的直接见证者，他们想说的话已经足够承载这最后一段中国劳教史。头顶星辰，身披弦月，我和同事卓玛连夜将三人的对话实录整理出来，算是在劳教制度的墓碑上铭刻下的终结陈词。

三

回溯2013年坐在电脑屏幕前亲历的一幕幕新闻热点事件：雅安地震后一周前往名山县新店镇探访凯迪小学的受灾状况，曾成杰受刑后对其女曾珊的连线追访，冀中星爆炸案后约请第一个采访到冀中星家人的记者孙旭阳写下他的所见所闻，与被称为“转发500条第一案”的“张家川刑拘少年案”前方律师及新闻当事人的实时追踪……跟拥有前线记者的传统媒体编辑不同，更同身在现场有切身所见所感的记者相异，凯迪编辑部所能采用的信息获取方式除了依靠自身的千万网友，只有凭借可靠的一手信源远程相接。但相形之下，没有哪一条消息能令我有释重之感，想起过往两年多时间里制作出来的部分文图和视频内容早就“不翼而飞”，现在对它们的莫名失踪总算有交有结，至少为曾经的存在赋予了价值。

“铡刀落在自己的脖子上最重，落在别人的脖子上最轻”，同样主张宽容的图图大主教此话映衬出凯迪八字真言中所遵循的选择。一个以供职媒体为名的真实记录者，最严重的职业不道德便是给受众所提供的内容有意打上了马赛克，哪怕是以婉转曲折的方式对读者负责也比粗暴回避棋高一着。对一名维护时政话题论坛的网络编辑而言，保证信息在法定准线上的自由流通是基本职责，完整透明的舆论市场里会趋于自净和求真。与此同时，这里每一名网编的手里也会藏有一把利剪，出于安全生产的需要时不时会修剪旁逸斜出的部分枝桠，直至它不再锋芒毕露。抱歉我也曾经动用过手里的这把利剪，幸而能够在沟通之后获得部分人的理解，依然是他们键盘上清脆敲出的"48",毕竟在凯迪与劳教制度或明或暗的三年追问之中,也遭遇过多次内容不明所踪的困惑。直至劳教制度已废的今天,我特意刨开旧坟依次去怀念了下,发现它们仍躺在那些不能开封的棺椁当中。但于我心里,却对此锃亮如刀锋上的镜面。

前面这些受编辑所嘱有诚意的文字只能代表我个人入行以来的实在话,没有人能够以个人名义代表凯迪来诉诸衷肠,或陈其牢骚,在这个以主流声音为行动目标的时政社区里,不仅有若干名与我都在做着相同事情的网络编辑,还有着成千上万活跃于此的普通人,包括在追问劳教制度存废的时间里,他们的合力将我拱出海面成为能被看到的微笑一处,在这之下,正如我在凯迪里化作的数字代号一般,尚有潜藏深处的万丈冰山。

至少当下,在这里,我享受"值班编辑 48"这个有特殊意义的指称和角色:即便手中有刀,且让心中无码。

(作者系凯迪网编辑)

围观
张弛
3

小伙伴张弛

孙潮

张弛是我在凯迪编辑部的7个小伙伴中的一个。

2011年2月，我调来广州组建凯迪的内容制作团队时，张弛就是我招的编辑部首批两个编辑之一。我那时看了他投递的简历材料，就是感到这小伙子虽然年轻，87年出生，从学校刚毕业不久，但很有想法也有冲劲，正是符合凯迪气质极需要的编辑人才。后来，张弛的勤恳敬业确实也没让人失望。

凯迪编辑部在建立初期，就开始承担了诸多职能，既有内容采编需求，也有运营配合需求。同时为了适应互联网内容制作多样化的需要，在设备和人员紧缺到外人难以想象的条件下，启动视频访谈制作。当时张弛兼起了第一任主持人的角色，同时也是视频后期非线编辑。后来编辑部人员多了，我干脆连导播也移交给了他，张弛总能很好地完成自己的各项职责。

干网络这行的，加班是经常的事，不管是夜晚还是周末节假日，只要有需要，叫他加班总毫无怨言。2014年1月初，周筱赟爆料李亚鹏嫣然基金黑幕的时候，我刚好去北京参加广电新闻出版总局的一个会，我在网上一看到李亚鹏对周筱赟的书面回应，就立刻给张弛打电话，让他马上准备视频采访周筱赟。那时，他刚下班花了一个多小时回到家，估计晚饭都没来得及吃，就匆匆从家里赶回南方报业大院的办公室，联系新闻当事人周筱赟，打算一个人就把采访和后期工作都干了。后来因为某种原因，虽然视频采访第二天才进行，但当晚张弛在办公室苦等到晚上11时，没有怨言。2013年整年，张弛至少1/3以上的周末在加班。

2013年4月雅安强震，受公司委派，我带张弛背着全套野营装备外加摄像摄影器材，去震区的雅安市名山县察看凯迪小学受损情况。2008年汶川大地震后，凯迪数千名网友共捐款100多万元，以最低廉的造价，在名山县新坝小学废墟上，新建了一所当地最漂亮的乡村小学。这所小学有没有经受住这次强震的考验，是当时凯迪众多网友关心的事情。

@卓玛：48是凯迪原创作者对他的昵称，源自于他在凯迪的值班号。电脑屏幕前的值班编辑48是个出得了选题，做得了策划，写得了文章，扛得了摄像机，偶尔卖一手萌的从业五年"老网编"。回顾2013年参与制作的选题，有成就感陡升的畅快，也有该帖"已被管理员屏蔽"的尴尬。2013年的张弛：奋力前行，不在心中设障。

张弛和我，在雅安汇合建筑机构专家后，对小学进行了结构安全性实地检测。在确认校舍没有结构安全问题后，又对学校周边数十户小学生家庭住房进行了实地拍摄，以确认他们的损失情况。随后两天，又驱车赶往受灾最严重的芦山县，在芦山县城拍摄灾民，采访志愿者，又跟着中国扶贫基金会的救灾物资车队进入震中双石镇和龙门乡。几天时间在灾区行程上千公里，从早上到深夜，连续采访，拍摄了800多分钟视频和上千张照片，同时发出了近万字的文字稿，张弛承担了大部分的摄影、摄像和码字工作。

在离开雅安灾区的前一天晚上，张弛和我住在雅安八一招待所。深夜3点，我先上床睡了，张弛还在忙挑选图片和给图片配文字。早上8点，我醒来，发现张弛还坐在书桌旁，他说："你昨晚没感到余震吗？酒店里很多人都跑到街上去了。""余震？"原来，昨晚在我熟睡的时候，我的小伙伴张弛顶着余震，把那些拍摄于倒塌的楼房和乱石飞溅的山崖的照片都挑选出来了，你能说这不是一个敬业的小伙伴吗？

（作者系凯迪网络副总编辑兼编辑部主任）

曹轲点评 关键词：空间

坚持网络表达，坚守公共空间，线上线下同悲同喜，弥合间隙同声同气。凯迪与天涯两大社区网站同处海南，绝非偶然天涯沦落，绝不自我边缘沦陷。网络表达与真实空间一样，并未因为移动化社交化的勃兴而失色、失真、失重。张弛们开启的网络之窗，呼吸自如，张弛有度。

赵杨

生于曲艺之乡天津卫，从小就懂“平地抠饼、对面拿贼”凭本事吃饭的街头行规。本科毕业于中山大学，研究生毕业于人民大学，学习国际关系6年，以成绩论，算是两校优等生。为求社会大学问，放弃学业，转做记者。

闲来爱好：看书，听相声、京剧、昆曲，遛鸟、斗狗、养猫、游泳、打羽毛球。

我的五年：以发起新战役防止变痒

穿越

入选理由

他是敏锐的政法记者，多次独家披露重大腐败案件；他是敬业的防务记者，采海军亚丁湾护航、访五国国防部长、参与筹建“南方防务智库”；他是拼命的机动记者，芦山地震时冒着飞石的威胁，记录让人飘泪的“李安全回家”；他还是南方日报“两会”出镜记者……赵杨以自己的行动诠释了全媒体时代记者的素养与拼搏。

记者感言 1

2013年岁末，忽一日，看到新浪制作的2013年年度盘点短片，并顺带看了2012年他们制作的年度短片。

两年来，十八大召开；全国“两会”举行；中国宇航员进入“天宫一号”；“蛟龙”号创造新纪录，下潜海下7000米；雅安芦山发生地震；中国掀起反腐新高潮；中国外交刮起新旋风……边看边感慨万千。

叫老婆一起看，问她背景音乐是不是特别好听。她听后回了一句：“音乐太乱，你喜欢是因为在短片中找到了自己的影子。”

这回答好像有些扫兴，但想想貌似是这样。以上这些两年来发生的大事，我都参与了记录。

做记者有很多种，我的理想是希望自己的工作能和这个时代的脉搏一起跳动，在重大的新闻现场能发出自己的声音。可能有点奢侈吧！

工作4年半，步入第5年，作为个不安分的跑线记者，哪里有事，我就喜欢往那里挤。在领导的大力支持下，愿望得偿。

成为年度记者，写这篇感言，不易。因为写什么难度很大。几经选择之后，受宋丹丹一句话的影响，我决定还是选几个故事，简单写写自己的这5年。

她的话是这么说的：“娱乐圈33年，越老胆子越小。名利带来的膨胀渐渐退去，发现太多满腹经纶、博学多才的人散落各个角落无缘成名成家，我们只是太幸运。时时提醒自己闭嘴，要不叫人笑话。”虽然，年度记者并不是名不是家，但道理相同。

故事1
用生命记录“李安全回家”

时间拨回2013年4月25日下午6时左右。我、摄影记者张由琼和搭乘我们面包车的两位老乡以及一位志愿者，驱车行驶在芦山县大山之下崎岖的山路上。我们的车时而快速狂奔时而龟速前行如履薄冰。车上的人左边的盯住左前方大山，右边的紧盯紧盯右前方山崖，提心吊胆地乞求山巅飞石不要把我们砸扁。

这是一条飞石路，已有数辆车被砸，有的坠入山谷。但我们仍然选择了这条路，一是相信上天不会薄待于我们；二是因为必须赶回有网络、有电的芦山县城，将“李安全‘回家’”的稿件快点赶出来，并给后方尽量多的时间将稿件修改完善见报。时间决定了稿件的质量。而这篇稿件的成败将铭刻在我的记者生涯之旅上。我希望能将解放军战士们“五天刨山搜救被压山下的养路工人李安全和为他准备的一次有尊严的告别”这一故事以及背后显示出的责任与温暖以最佳的形式、最好的文笔告诉给世人。我也曾经对领导段功伟说，此稿若不能写到拿奖的水平，我遗憾终生。

上天还是眷顾我们的。当我顺利抵达芦山写完稿件并传给后方记者辛均庆后，打电话和他说：“我真担心路上被砸，自己没有命写这篇文章！”

为了这一个让我兴奋的新闻，我和张由琼搭乘摩托车驱车半个小时进入深山。深山仅有牛道，道路颠簸，以致搭载我们的摩托车的轱辘变弯曲。我于是将车让给更需要现场的张由琼，让他坐车勉强前行，自己步行上山。那真是一次减肥之行。我跑步行走20分钟的山路，又连抓带爬地爬上了坡度有75度到80度的山坡，走到断石崖下，全程记录最后的挖掘，并随战士们将李安全送回安葬。

现在写这些，好像在显摆，但其实这是一种怀念。怀念过去就意味着当前缺失，也透着些许的担忧：重大贪腐案件还能否重生？就像人们说的，新闻纸死亡并不可怕，可怕的是新闻死了。毕竟去年，我没有一篇贪腐大案的报道出来。

那一次，我哭了，以致于想记录，可是笔只能搁在本子上而无力书写。

不过，不负期许，这篇稿件得到方方面面的好评。当然，是否获奖已经不重要了。

2013年第一场会战就这样以对生命提出挑战的方式开始了。

故事2
我被韶关主要领导告了！

“韶关一位主要领导把我们告到省委书记那去了，批判南方日报竟敢‘如此大胆’，披露这样的‘负面新闻’。”2010年8月，当我和我的师傅戎明昌发出韶关系列腐败案的报道后，这样的事情发生了。

当年8月11日、12日，连续两天，南方日报在“重点版”连续推出《“粤北首富”一句狂言抖出31厅座》、《朱思宜编织官商大网》，独家揭秘“韶关系列腐败案”的侦办始末，勾勒了一个盘踞粤北、“阡陌交通”的官商网络的运作模式和数个骇人听闻的丑恶故事。1000万可以运作一个全国人大代表资格；800万元，可以让一个“毒贩”从公安局长手中逃命；一个商人落马，牵出31名厅座……

原以为，韶关的这位主要领导会闹出点动静，也曾想过可能将面临被调查的危险。不

代表作品 2

作品名称：湛江车管所考官收“红包”成风

刊载媒体：南方日报

发表时间：2013年2月4日

作品影响：南方日报为这篇独家猛料，重开“头版曝光”栏目。它也成为当天国内网络媒体最火的一篇报道。广东电视台新闻联播和中央电视台当天都直接引述南方日报报道，引发公安部门和纪检监察机关对该案的高度关注。

头版曝光

湛江车管所考官收“红包”成风

索取“红包”竟明码标价 案发后39人已上缴2100万元

●南方日报记者 赵杨

桩考科目：100元；九选科目：小车200元，大车300元；路考科目：300元。别误会，这些价码并非驾考收费标准，而是湛江市车管所考官索取“红包”的标价。去年，不少湛江市民先后向南方日报报料，称其在驾考过程中，除每门考试收费外，还被教练收取了一定数额的费用，以“孝敬”考官。日前，记者从湛江市纪委获悉，靠收“孝敬费”敛财的40余名考官目前已被调查，背后“大佬”——湛江市交警支队车管所原所长梁志雄被“两规”，“收送‘红包’的利益链”已被揭出。涉案的考官中，已有39名考官主动上缴了收取的全部或部分“红包”，共计2100多万元。

湛江市纪委相关部门负责人告诉记者，对于湛江市民反映的该市车管所考官收受“红包”等问题，该部门与市公安局组成联合调查组进行调查。调查期间，调查组对市交警支队车管所原所长梁志雄实施“两规”，查实了梁志雄受贿66.5万元的事实，并将其移交司法机关处理。而车管所考官收取学员“红包”的潜规则也浮出水面，40多名考官、个别所领导都卷进漩涡之中。

办案人员在调查中发现，大多数驾校学员都按“行规”标价，缴纳了“红包”。其基本交钱模式是学员集中交钱给驾校教练或领队，再由教练或领队交给考官，或者由驾校直接收取学员600元或700元的“考试费”，由教练或专职的业务员交给考官。

在“红包”的刺激下，考官争相获取更多的监考机会，而对此具有决定权的时任车管所所长梁志雄成为众多考官行贿的对象。于是，这一送礼与收礼的过程，串联起了一条学员—教练(领队或业务员)—考官—梁志雄的“食物链”。

调查发现，只要上考场，考官基本上每天都有钱收。不是由教练直接放在考官车里，就是请考官吃饭时送上，少则几百元，多则几千元。办案人员说：“个别考官随收随用，自己都记不清收了多少。”调查中，办案人员发现，此案涉及面很广，大部分考官都卷进其中，有的人还以此为幸，乐此不疲。而他们中的大部分人又将这笔钱送给了梁志雄等人。

由于涉及面广，很多涉案人员心存侥幸，自认为“法不责众”，拒不认罪。因此，案件的调查曾一度陷入僵局。经过多轮的斗智斗勇，一些考官开始认罪，上缴赃款。其中，个别涉案考官甚至主动上缴了近百万元的“红包”。

代表作品 2

作品名称：“不找到你，我们不收兵！”

刊载媒体：南方日报

发表时间：2013 年 4 月 26 日

作品影响：这是去年“南方日报雅安地震报道”的重要代表作品之一。记者不顾生命威胁，穿越飞石区，挺进千丈深山，才发现了如此感人的救援故事，并通过精微的观察、细腻的笔触，将这感人的故事记录下来。通过此新闻报道，展现了解放军战士奋勇救援、决不放弃的精神，以及对灾区人民的深深爱意。

万众一心 抗震救灾

80多位子弟兵挖掘5天，终于找到了养路志愿者李安全的遗体

“不找到你，我们不收兵！”

过事情，并没有想象的那么糟，预期的“调查”并没有来。后来，得知是一位省领导“保护”了我们。

和这位韶关领导的反应不同，第一篇报道刊出之后，我们就陆续地接到不少韶关市民、干部的电话，还有同城、北京媒体祝贺兼探听信息渠道的电话。通过电话我们才知道这几天，南方日报在广东官场，尤其在韶关已经是人们的宠儿。“吃了吗？”的问候语在韶关官场几乎已经变成了“看南方日报了吗？”

这是我这个 2009 年入职的小记者，第一次感受到记者的光环。

还是一年八月，2011 年 8 月 5 日，南方日报刊出了我的一篇报道——《判刑后竟逍遥牢外》，独家披露江门原常务副市长林崇中被判刑 10 年，却通过买通河源看守所长办理保外就医，让 10 年刑期的法庭宣判变成了“当庭释放”的“掌声”，从宣判那天起就一天牢都没有坐过，逍遥牢外 1 年多。

作为一名政法记者，5 年的时间里，我曾为读者披露过很多独家的贪腐案件。

不过，当将黑幕展现给世人的同时，我自己也先被权贵逻辑蹂躏了一番。其实，冯小刚《私人定制》里，让范伟体验的领导待遇，还远不如现实中的“精彩”。

现在写这些，好像在显摆，但其实这是一种怀念。怀念过去就意味着当前缺失，也透着些许的担忧：重大贪腐案件还能否重生？就像人们说的，新闻纸死亡并不可怕，可怕的是新闻死了。

毕竟去年，我没有一篇贪腐大案的报道出来。最让我觉得遗憾的事，莫过于花了一个多月时间采访的“某系列腐败案”被毙稿。我曾因为憧憬报道的报样、产生的轰动效果以及引发的社会反思而一度失眠。但，这就是现在，可能还是将来一段时间里的现实。逼得我转型并掉转新闻“枪口”。

故事3
潜伏大漠与草原挺进

2012年夏季的晚上10点半，黑色笼罩了整个戈壁滩，只有一个灯塔，探照灯360度照着，骄傲地显摆着它军事重地的身份。我弯下身子，走在水渠的堤坝边上，向这个重地挺进。

我打开手机，让它尽量

代表作品 2

作品名称：南方日报记者采访与会五国防长　印尼防长：东盟不会成为军事同盟

刊载媒体：南方日报

发表时间：2013年6月3日

作品影响：南方日报记者去年首次赴新加坡报道亚太地区最重要的安全合作论坛——香格里拉对话会。在每天半个版的独家报道中，记者没有满足于会场新闻+专家解读的方式。而是直接将焦点聚集在与会的高端人群身上，“紧迫盯人”，专访五国防长，回应热点，写出了国防部长们各打的盘算，又给读者留出琢磨“话外音”的空间。

关注

南方日报记者采访与会五国防长

印尼防长：东盟不会成为军事同盟

英加也要“重返亚太”

将加强与包括中国在内亚太各国的军事合作

评价“亚太再平衡”战略

不太相信一个国家能在不同地区同时增加投入

关注南海问题

有关各方应拿出可行办法防止擦枪走火

离地近一些，仅照见脚前的路，保证我不会掉到水渠里就好，以防止灯光的亮度被守卫士兵发现。探照灯照来，我就立即扒下，防止被发现……

有点刺激吧！不过，这只是我挺进酒泉卫星发射中心的一个惊险片段。当时，我脑子里真的突然冒出一个电影里的画面：一个血红色的子弹从我胸前穿出，我抬头望着灯塔，然后顺势倒地，睁着布满血丝的眼睛看着还在抽动的手。不过，我告诉自己：不知道谁和我讲过，士兵应该会先在距离我 50 米的位置上放一枪警告，于是我大胆又小心地一步步挪着。可回来才知道，50 米的说法并不准确。汗！

要是算起来的话，我应该已经是南方日报前往酒泉卫星发射中心和内蒙古阿木古朗草原采访神舟飞船起降最多的人——2011 年 9 月赴酒泉采访天宫一号发射、2011 年 10 月底再赴酒泉采访神八发射、2012 年 6 月第三次赴酒泉采访神九发射、7 月赴阿木古朗草原采访神九的降落。

其中 7 月赴阿木古朗草原采访更为惊险。躲于羊倌房间的我和张由琼被公安抓获，被遣送至他处的路上，我硬记住一路上哨卡的方位，并于当晚雇车重返草原。那一个草原之夜，晚上 10 时左右，我和张由琼下车，背着包袱，循着一位牧民朋友为我们专门打出的“信号灯”，摸着路，趟草原、翻山坡，向草原的深处挺进。偶尔，我们也会仰望夜空，一条银河清晰地划过天空，繁星密布。如果不是这种类似逃命般的行军，我想真应该停下来坐在草原上，思考一些人类的终极命题。但是，当时的我们只能脚踏实地，躲过路卡和时而呼啸而过的巡逻车，直奔神九的降落地——阿木古郎草原深处。

可以说，南方日报在报道飞船发射与降落方面没有任何资源和优势。但是，我们给自己下的任务却是死任务。我记得，2011 年当我第一次带队来到距离发射基地最近的航天镇歇脚，并伺机突破的当晚，我整整做了一个晚上的梦。梦见的就是和段功伟主任商量，怎么突破进去。

感悟
新闻就是我的战场

从我入职至今，准确说是 4 年半的时间。

2009 年，从中国人民大学国际关系专业硕士毕业后，我进入南方日报时政新闻部。非新闻专业，没有实习经验。几乎就是一张白纸。而现在写上的都是南方的字迹。

4 年半里，我在政法、时政、防务、突发等类新闻中穿梭。不为别的，仅是为了见证、发声，并刻深自己的年轮。

跑线记者由于常年囿于线条事务，数年下来，免不了疲沓，更有甚者，变得对新闻麻木。而我认为，一旦麻木，就宣布了你新闻生命的死亡。所以，也可以将我的这种穿梭理解为为了防止麻木而采取的一种调剂办法。我真的因为他们而兴奋，能拼命、敢厮杀。

我憧憬两种生活，60 岁前希望激战于万军丛中；60 岁之后盼望田园野鹤。而我把新闻当做自己的战场。

（作者系南方日报记者）

围观
赵杨
3

他很专业，很靠谱

冯韶文

赵杨是我进入南方日报认识的第一个同事。第一次见到赵杨是在南方日报“深读周刊·军情观察”虚拟团队的选题会上。赵杨首先引起我注意的是，他和我一样都有圆圆的脸和腆起的肚子，但随着工作接触的深入，相近的新闻理念，以及赵杨专业的知识结构和交稿时间的靠谱性，我们成了一组好搭档。虽然说我是传播学出身，但因为第一份工作都是和交互、体验、代码打交道，相比之下，赵杨因为一开始就用南方新闻理想的武装，反而显得更加的专业和专注。

现在记者在很多人眼中是一个苦逼的行业：起的比鸡早，睡的没驴多，没有点儿叫做信仰的支撑，想要在这个行业干下去还真的不是那么容易，好在赵杨还有很多同事的心中都还有没有熄灭的灯，更加注重专业的精神，专注于领域，注重于分析。赵杨跑线的故事我没有亲身经历，但是他在国际政治、安全防务领域报道的专业性，突破性以及言出必行的交稿靠谱性，还是让我这个出了名的急性子有了永远的“备用稿源”。

2013年5月，我和他一起去新加坡采访香格里拉论坛，作为世界上与慕尼黑防务论坛齐名的世界顶级智库峰会，亚太地区各国的防长、政要以及全球顶级专家都会在这个峰会上发表权威或者有分量的观点。在这样场合上，可采访的资源不是太少，而是太多。如何选择在国内有影响力的新闻材料，并且采访对象和话题能够让国人有很高的认知感，这就要做减法了。当时我和赵杨兵分两路，按照人盯人政策，一方面找机会采访在中国周边国家以及配合美国重返亚太政策相关国家防长，另一方面的任务就是围堵可能要来参会的中国外交部前部长李肇星。

能围堵采访到李肇星是当时所有在场中国媒体记者的一个重要任务，可是当天由于李肇星来新加坡的飞机延误，他没能在美国国防部长哈格尔演讲开始前抵达会场。这边很多记者还在等待哈格尔演讲结束，赵杨已经敏锐地感觉到李肇星可能在门外听不好打扰进来的情况。等到央视、新华

@ **张由琼**：我与赵杨每年只搭档一次，但每次都特别的惊心动魄。前年是神九落地，一起被抓又一同再度潜入。去年芦山地震，一起流着眼泪完成采访。面对“审问”时的伶牙俐齿，草原上策马扬鞭的豪放自信，奔跑在塌方山路时的紧张谨慎，采访中的一幕幕犹在眼前。他那小小胖胖的身躯总能发出无穷的能量！

社等很多记者在围堵的时候，赵杨已经完成了在媒体围堵中的第一波采访，而也正因为这种对采访机会的准确把握，才有了后来那篇在网上转载率颇高的“是非观都没有，怎么当的官”的文章。李肇星好像很爱回答他的问题，一方面我觉着是李肇星对于南方还是颇有好感，再有就是估计赵杨长得比较喜庆吧。

随后对于重返亚太相关国家五国国防部长的采访也是在这样的见缝插针、抢先一步的采访中完成的。论坛中间的茶歇是一个采访好机会，幸运的是，赵杨在茫茫人海中，把该抓住的人都抓住了。

除了抓人，抓采访，抓住机会让防务报道的好戏继续演下去，是赵杨去年的长项。把手摸心口上说，赵杨不是好演员，不会装，但是他绝对是个好学生，并且有个好老师。

就在那次香格里拉峰会上，赵杨的研究生导师、中国著名国际问题专家金灿荣教授告诉我们，目前中国也正在努力打造顶级的智库峰会，由清华大学和中国人民对外友好协会举办的世界和平论坛6月底就会在北京召开。赵杨听到这个消息后，回国后就向领导请示，申请提前介入此次论坛的采访，为日后南方与此组织的长期关系的维系做好准备。为了此次论坛，赵杨准备了大量有关布热津斯基、伊万诺夫的资料，并通过各种渠道联系到了大会主办方负责人、中国著名国际问题专家清华大学教授阎学通，并在论坛上对他进行了专访，推出了世界和平论坛的一系列报道。通过这种智库的维护演进方式，也为南方防务论坛智库专家的积累提供了良好的支撑。用采访与选题驱动了1+1大于2的结果。

作为记者来说，有新闻的地方就有我，用文字描述人性的善与爱，用报道揭露世间的假恶丑，是一种责任，也是一种情怀。

新闻是一种情怀，给人温暖，更能给自己力量。以前上学时听老师说，记者做久了就会越来越爱憎分明，越来越想有成就感，但这些都是建立在良知与专业之上，以前在腾讯工作的时候，经常听那些职业经理人和工程师说专业的人做专业的事情，才能有不错的结果，我想互联网产品如此，新闻也应当如此。创造互联网产品的工程师和产品经理如此，妙手著文章，铁肩担道义的记者也更会如此吧。

工作上，我看到的赵杨是个较真的人，稿子一遍遍磨，一遍遍改，他的办公桌总是堆满了各种资料，然后看到胖胖的他窝在资料中写稿。

不过他不是那种无趣只会写稿，啃书的人。他的宫保鸡丁做得很好吃，还曾经专门和我探讨过包子馅怎样调才会更好吃的问题，并且教我学做他们天津一种叫做“肉龙”的面食。不过这种面食自打我学会后，好像都是他携夫人来打牙祭，而我再也没有吃到他做的宫保鸡丁了。当然他还是那种想起某个相声段子或者即兴发挥编个段子就能把自己逗乐了的天津人。

（作者系南方日报编辑）

曹轲点评 关键词：穿越

高度决定影响力，这种事先张扬的办报理想，需要底气十足的团队，去张罗去执行去呈现去弘扬。在正义与邪恶之间穿行，在悲剧与喜剧之间穿梭，在稀薄与稠密之间穿插，在建构与消解之间穿越。执著心和行动力俱佳的赵杨，代表了南方报业新一代力量的生长和前行的希望。